Martin Filitz

nachdenken über den Glauben

Martin Filitz

nachdenken über den Glauben

eine Einführung in den christlichen Glauben in evangelischer Tradition

Fromm Verlag

Impressum/Imprint (nur für Deutschland/ only for Germany)
Bibliografische Information der Deutschen Nationalbibliothek: Die Deutsche Nationalbibliothek verzeichnet diese Publikation in der Deutschen Nationalbibliografie; detaillierte bibliografische Daten sind im Internet über http://dnb.d-nb.de abrufbar.

Contact:
International Book Market Service Ltd., 17 Rue Meldrum, Beau Bassin, 1713-01 Mauritius
Website: www.bookmarketservice.com
Email: info@bookmarketservice.com

Gedruckt in: USA, UK, Deutschland. Dieses Buch wurde nicht in Mauritius produziert.

Imprint (only for USA, GB)
Bibliographic information published by the Deutsche Nationalbibliothek: The Deutsche Nationalbibliothek lists this publication in the Deutsche Nationalbibliografie; detailed bibliographic data are available in the Internet at http://dnb.d-nb.de.

Contact:
International Book Market Service Ltd., 17 Rue Meldrum, Beau Bassin, 1713-01 Mauritius
Website: www.bookmarketservice.com
Email: info@bookmarketservice.com

Printed in: U.S.A., U.K., Germany. This book was not produced in Mauritius.

ISBN: 978-3-8416-0256-5

Martin Filitz

nachdenken
über den christlichen Glauben

Eine kurze Einführung

Vorwort

Dieses Arbeitsbuch ist entstanden als ein Unterrichtsbuch für Studierende der Evangelischen Hochschule für Kirchenmusik in Halle (Saale).

Die theologische Ausbildung der evangelischen Kirchenmusikerinnen und Kirchenmusiker ist knapp bemessen. Das liegt in der Natur der Sache, kommt es doch vor allem auf die Ausbildung der musikalischen Fertigkeiten und Fähigkeiten an, die die Kirchenmusikerinnen und Kirchenmusiker befähigt, in der Gemeinde qualifiziert zu arbeiten.

Darüber hinaus ist der Beruf des Kirchenmusikers und der Kirchenmusikerin ein Beruf zwischen Kirche und Säkularität. Für viele Menschen ist die Musik die einzige Verbindung zwischen dem Glauben der Christen und der säkularen Welt. Die Musik Bachs und Mendelssohns, Brahms´ und Messiaens erreicht Menschen, die von den übrigen kirchlichen Angeboten längst nicht mehr erreicht werden.

Umso bedeutender ist es, dass die kirchlichen Mitarbeiter und Mitarbeiterinnen, die an dieser Schnittstelle arbeiten, auskunftsfähig sind. Es ist entscheidend, dass sie den christlichen Glauben sowohl für sich selber als auch vor den Menschen vertreten können, die der christlichen Tradition lange entfremdet sind. Die theologische Ausbildung an den Hochschulen für Kirchenmusik will zu dieser Auskunftsfähigkeit verhelfen. Dabei geschieht der Unterricht im Fach *„Dogmatik“* äußerst unterschiedlich und er hat sich je auf die theologischen und persönlichen Vorgaben der Studierenden hin auszurichten

Der vorliegende Entwurf orientiert sich am Text und an den Artikeln des Apostolischen Glaubensbekenntnis. So wird der Versuch unternommen, die traditionellen Glaubensaussagen aufgrund des biblischen Zeugnisses zu profilieren und mit gegenwärtigen Problemen und Anschauungen zu konfrontieren. In der kirchenmusikalischen Praxis haben es vor allem Sängerinnen und Sänger mit dem dogmatischen Überlieferungsgut des christlichen Glaubens zu tun. Dabei geht es nicht nur um die Evangelientexte, die in der Musik von Heinrich Schütz bis Johann Sebastian Bach und Felix Mendelssohn Bartholdy, sowie in den kirchenmusikalischen Kompositionen des 20. Jahrhunderts ausgelegt werden. Es geht auch um die Texte der römischen bzw. lutherischen *Messe,* wozu auch das apostolische Glaubensbekenntnis gehört, und es geht auch um das *Magnificat*, um die Cantica des Neuen und die Psalmen des Alten Testaments.

Der folgende Text soll helfen, den sich über zwei Semester erstreckenden *„Unterricht in der christlichen Religion"* [Johannes Calvin] zu begleiten und zusammenzufassen. Niemand kann eine *„neutrale"* Dogmatik schreiben. Schon die Anlage eines solchen Projektes zeigt, wes Geistes Kind der Autor oder die Autorin ist. Dass es sich bei dieser kleinen Einführung um einen Text handelt, der sich in besonderer Weise der reformierten Tradition in der evangelischen Kirche verdankt, soll und wird nicht verborgen bleiben.

Dieses Buch ist ein theologisches Arbeitsbuch. Es bleibt nicht auf Studierende der Kirchenmusik beschränkt. Es könnte sich auch als Grundlage für die theologische Ausbildung in anderen Ausbildungsgängen als hilfreich erweisen. Auch der anfänglichen und einführenden Beschäftigung mit den Inhalten des christlichen Glaubens könnte der vorliegende Text dienen.

Die lateinischen Zitate wurden sämtlich übersetzt. Eine Widergabe der ursprünglichen Texte ist dem Umstand geschuldet, dass in den traditionellen Texten der Kirchenmusik die Texte in lateinischer Sprache die Regel sind und daher auch viele Texte in Latein zu singen sind.

Nachweise und Anmerkungen wurden auf das absolut notwendige Maß beschränkt. Das Literaturverzeichnis am Schluss verweist auf Texte, die eine vertiefende Beschäftigung ermöglich können.

Auch, dass dieser Entwurf einer bestimmten theologischen Denkrichtung verpflichtet ist, mag nicht verwundern. Andere werden es anders sagen und andere Akzente setzen. Dem vorliegenden Entwurf ist es wichtig, dass die Leserinnen und Leser den inneren Zusammenhang des christlichen Glaubensbekenntnisses erfassen und sich in dieses Glaubensbekenntnis auch selber kritisch einfinden können. Ihnen, die nach dieser Erkenntnis suchen, ist dieses Büchlein gewidmet.

Halle/Saale, 30. Dezember 2011

Inhaltsverzeichnis

1. Ich glaube...

Jeder Mensch glaubt. Niemand glaubt nichts. Jeder Mensch hat einen Ort, auf den er sich bezieht. Jeder Mensch hat eine Instanz, vor der er sich verantwortet, und sei es er selbst. Nicht jeder glaubt an Gott, aber jeder und jede glaubt. Wer nichts und niemandem mehr glauben kann, der ist ernsthaft psychisch gefährdet, der ist nahe davor, sich selbst das Leben zu nehmen. Natürlich gibt es im Leben Brüche, auch Glaubensbrüche. Als die DDR im Herbst 1989 unterging, haben viele Menschen ihren festen Punkt, ihre Orientierung verloren. Man hatte erwarten können, dass die Menschen jetzt wieder auf dem Weg sind, sich neue Orientierung und neuen Lebenssinn zu suchen. Und viele dachten, das sei die Stunde der Kirchen, diesen Menschen das zu geben, was sie suchen. Aber es geschah nicht. Die Kirchen haben von der Wende wenig profitiert. Die Menschen orientierten sich schneller und vor allem anders als erwartet. Die neue Wirtschaftsordnung gab vielen die Gelegenheit, sich dort einzuklinken, wo es jetzt etwas zu verdienen gab. Und kaum jemand hat sie dabei nach ihrer Vergangenheit befragt. Die wendigen, agilen Menschen haben schnell einen neuen Lebenssinn gefunden. Auf der Strecke geblieben sind die vielen, die sich angepasst haben oder sogar Menschen, die in der DDR Widerstand gewagt haben.

Jeder Mensch glaubt. Niemand glaubt nichts. Wenn ein Glaube zerbricht, dann findet sich schnell Ersatz. Dass Menschen glauben, das scheint zu ihrer genetischen und anthropologischen Grundausstattung zu gehören. Die Glaubensinhalte selbst jedoch scheinen auswechselbar. Sie können ganz verschieden sein. Menschen drängen über das Sichtbare hinaus. Solange es Menschen gibt, leben sie auch mit Kunst und Religion. Schon die frühen menschlichen Sippenverbände schufen sich Kultbilder und Kultstätten. Die steinzeitlichen Wandzeichnungen in den Höhlen von Lascaux sind dafür ein deutlicher Beleg.

In der europäischen Geschichte seit der Aufklärung im 18. Jahrhundert ist das Wort *„Glaube“* weitgehend aus der Öffentlichkeit verschwunden. *„Religion ist Privatsache“* sagte man[1]. Sie ist die Sache jedes Einzelnen. Das religiöse Bekenntnis darf einem

---

1. Erfurter Programm der SPD (1891) „5. Erklärung der Religion zur Privatsache. Abschaffung aller Aufwendungen aus öffentlichen Mitteln zu religiösen und kirchlichen Zwecken. Die

Menschen weder Vor- noch Nachteile verschaffen – sagt das Grundgesetz für die Bundesrepublik Deutschland. Der Staat und die Öffentlichkeit dürfen keinen religiösen Druck auf die Menschen ausüben.

Die Erkenntnis, dass die Religion Privatsache ist, war ein ungeheurer Fortschritt im Denken Europas. Sie war geboren aus der Erfahrung des 30jährigen Krieges [1618-1648], in dem die Religion neben vielen anderen Gründen die Menschen gegeneinander aufgebracht hatte. Am Ende dieses Krieges waren ganze Landstriche in Mitteleuropa entvölkert. Armut, Hunger und Hexenwahn waren die Folge. Nie wieder sollte es Glaubenskriege geben! Der einzelne Mensch sollte in seiner Religionsfreiheit geschützt werden, aber niemand: keine Kirche und kein Staat sollte mehr das Recht haben, die Konfession der Bürgerinnen und Bürger zu bestimmen.

So wurde das Glaubensbekenntnis der Christen bei uns zu einem *privaten* Bekenntnis. Es spricht nichts dagegen, dass sich die Menschen dieses Bekenntnisses versammeln, dass sie sich Ordnungen geben, Spielregeln des Umgangs miteinander festlegen und auch bestimmte Verhaltensweisen anstreben. Auf die Toleranz des Staates kann die Glaubensgemeinschaft insoweit rechnen, als sie die für alle geltenden Gesetze nicht verletzt. So wird die Kirche in der Moderne eine *Körperschaft des öffentlichen Rechts*, in der sich Gleichgesinnte versammeln. Es gibt ein Statut. Es gibt ein Glaubensbekenntnis, das von allen zumindest formal geteilt wird. Weitergehende Identitätsleistungen sind für den einzelnen Menschen möglich, aber nicht notwendig. Es zeichnet die großen Kirchen aus, dass sie von ihren Mitgliedern kein persönliches, privat formuliertes Glaubensbekenntnis verlangen.

> Anders ist es in vielen Freikirchen und anderen religiösen Gemeinschaften. Hier kann nur Mitglied werden, wer vor der Gemeinschaft ein solches persönliches Glaubensbekenntnis ablegt. Das Bekenntnis in den Großkirchen erscheint ihnen zu unverbindlich, zumal es auch keine Kontrolle darüber gibt, ob das Bekenntnis auch Konsequenzen im Leben und im Verhalten des jeweiligen Mitgliedes

---

kirchlichen und religiösen Gemeinschaften sind als private Vereinigungen zu betrachten, welche ihre Angelegenheiten vollkommen selbständig ordnen."
http://www.marxists.org/deutsch/geschichte/deutsch/spd/1891/erfurt.htm

gibt. Je persönlicher das Glaubensbekenntnis formuliert ist, desto größer ist auch die Erwartung an den Lebensstil, an den Umgang mit Sexualität und Finanzen, mit Staat und Politik, an das Engagement für den Glauben und für die Gemeinde der Glaubenden.

Die großen christlichen Kirchen sind gegenüber dem Bekenntnis des einzelnen Christenmenschen verhältnismäßig offen. Sie verlangen nicht, dass er sich ständig *outet,* dass er auch in der Welt seines Berufes, seiner Freizeitgestaltung ständig deutlich macht, was ihn im Innersten bewegt und was nach Möglichkeit auch andere Menschen im Innersten bewegen sollte.

Auf der anderen Seite ist der Glaube der Christen weit mehr als nur eine unverbindliche Mitgliedschaft in einer gesellschaftlichen Institution. Der Glaube hat eine persönliche Seite, er hat aber auch eine sachliche Seite. Glaube hat es mit *Glaubensinhalten* zu tun. Die christlichen Glaubensbekenntnisse aus der Antike formulieren diese Glaubensinhalte in knappen aber ungemein inhaltsreichen Sätzen. Die Bekenntnisse sind das Ergebnis langer und schwieriger Diskussionen innerhalb der Kirche. Sie sind der Versuch, das, was von Gott und vom Menschen zu sagen ist, so zu sagen, dass es zur Lehre wird. Wer Christ sein will, der hat sich im Rahmen dieser altkirchlichen Bekenntnisse zu bewegen.

Für die Zeit, in der die altkirchlichen Bekenntnisse formuliert wurden, mag diese ausgereicht haben, um dem Missbrauch des Glaubens zu wehren. Mit der Zeit erwies es sich, dass sie in späterer Zeit nicht mehr ausreichten. Die Reformation stellte die Frage nach der Gerechtigkeit Gottes und der Rechtfertigung des Menschen – eine Frage, die so in der antiken Kirche noch nicht gestellt wurde.

Die Auseinandersetzung mit dem Machtanspruch des Nationalsozialismus stellte die Kirche vor die Frage, ob es neben dem in der Bibel bezeugten Herrn Jesus Christus Bibel noch andere Quellen der Offenbarung Gottes und des christlichen Glaubens geben könne. Es stellte sich heraus, dass die Kirche hier neu formulieren musste.

Andere heute dringliche Fragen sind noch im Diskussionsprozess: Wie gehen wir um mit dem Anfang und mit dem Ende des Lebens? Wie stehen die Christen zu Abtreibung und Sterbehilfe, wie zu künstlicher Befruchtung und Gentherapie? Welche Bedeutung hat für die Christen der Schutz der Schöpfung Gottes vor der

Ausbeutung durch den Menschen? Ist die Frage nach der Verteilung von Reichtum und Armut in der Welt eine Bekenntnisfrage? Viele Christen sagen: Wenn es um Krieg und Frieden geht, dann geht es auch um Bekennen und Verleugnen des Glaubens[2]. Wird es in nicht allzu ferner Zukunft wieder geboten sein, dass die Christen ihr Glaubensbekenntnis ergänzen?

Ich glaube... dieser Satz ist auf der einen Seite ein sehr persönlicher Satz, auf der anderen Seite beschreibt er aber auch innerhalb der christlichen Kirchen eine sachliche Übereinstimmung, eine Gemeinsamkeit im Glauben, die auch gemeinsames Leben innerhalb einer Glaubensgemeinschaft ermöglicht.

Ich glaube... dieser Satz ist aber auch ein Satz, der über das persönliche Empfinden hinaus auf den Glaubensinhalt verweist, der Auskunft gibt über den Glaubensgrund. Er bringt das zum Ausdruck, was diesen Glauben auszeichnet und von anderen möglichen Glaubensrichtungen unterscheidet.

Beides gehört zusammen, die Frage: was glaube ich? Und die Frage: wie hat das, was ich glaube mit mir zu tun? Wie stelle ich mich zu den Glaubensinhalten? Welche Folgen haben sie für mein Denken, für mein Empfinden, für mein Handeln?

In der Reformationszeit hat der *Heidelberger Katechismus* aus dem Jahre 1563 es in seiner 23. Frage so beschrieben:

Was ist wahrer Glaube?

Wahrer Glaube ist nicht allein
eine zuverlässige Erkenntnis,
durch welche ich alles für wahr halte,
was uns Gott in seinem Wort geoffenbart hat,
sondern auch ein herzliches Vertrauen,

welches der Heilige Geist
durchs Evangelium in mir wirkt,
dass nicht allein anderen,
sondern auch mir

2. Vgl. Moderamen des Reformierten Bundes (Hg.) Das Bekenntnis zu Jesus Christus und die

Vergebung der Sünden,
ewige Gerechtigkeit und Seligkeit
von Gott geschenkt ist, aus lauter Gnade,
allein um des Verdienstes Christi willen.

Zuverlässige Erkenntnis und herzliches Vertrauen bilden eine Einheit. Sie beide kommen zusammen, wo Glaube entsteht.

Wäre der Glaube lediglich zuverlässige Erkenntnis, er würde sich darin erschöpfen, dass ein Mensch verschiedene Tatsache für wahr hält. Das beträfe Auskünfte über das historische Wirken Jesu, über kosmologische Ereignisse wie die Schöpfung und die Vollendung der Welt. Glauben wäre dann eine Frage des Anhäufens von zuverlässigem Wissen über Gott und die Religion.

Wäre der Glaube lediglich herzliches Vertrauen, er würde sich in einer Regung des Gefühls erschöpfen, einer emotionalen Bindung, wobei derjenige, an den sich der Glaube bindet, nicht so entscheidend wäre. Es kann geschehen, dass der Herzensglaube, der nicht nach Wahrheit fragt, auf alle möglichen Scharlatane hereinfällt, dass er keinen festen Grund hat, weil die gefühlsmäßige Bindung ihm das allerwichtigste ist.

„Ich glaube an den Heiligen Geist, die heilige christliche Kirche, Gemeinschaft der Heiligen, Vergebung der Sünden, Auferstehung der Toten und das ewige Leben. Amen.

Was ist das?
Ich glaube, dass ich nicht aus eigener Vernunft noch Kraft
an Jesus Christus, meinen Herrn, glauben oder zu ihm kommen kann;
sondern der Heilige Geist
hat mich durch das Evangelium berufen,
mit seinen Gaben erleuchtet,
im rechten Glauben geheiligt und erhalten;
gleichwie er die ganze Christenheit auf Erden
beruft, sammelt, erleuchtet, heiligt
und bei Jesus Christus erhält im rechten, einigen Glauben;

Friedensverantwortung der Kirche, Gütersloh 1982

in welcher Christenheit er mir und allen Gläubigen
täglich alle Sünden reichlich vergibt
und am Jüngsten Tage
mich und alle Toten auferwecken wird
und mir samt allen Gläubigen in Christus
ein ewiges Leben geben wird.
Das ist gewisslich wahr

Martin Luther, Kleiner Katechismus, Auslegung des 3. Artikels

Der reine Tatsachenglaube läuft Gefahr, den Glauben mit Wissen zu verwechseln. Der reine Herzensglaube kann zu einer inhaltsarmen Gefühlsseligkeit verkommen. Wie immer in der Theologie, so ist auch hier zu unterscheiden, aber nicht zu trennen. Glaube ohne Inhalt ist blind, Glaube ohne Vertrauen ist leer.

Also ist Glauben immer beides: Erkenntnis und Vertrauen, Herzenssache und Sache des erkennenden Verstandes.

Texte:

„Es ist aber der Glaube eine feste Zuversicht auf das, was man hofft, und ein Nichtzweifeln an dem, was man nicht sieht"
Hebr.11,1„Denn wenn du mit deinem Munde bekennst, dass Jesus der Herr ist, und in deinem Herzen glaubst, dass ihn Gott von den Toten auferweckt hat, so wirst du gerettet"

Röm.10,9

„Denn in Christus Jesus gilt weder Beschneidung noch Unbeschnittensein etwas, sondern der Glaube, der durch die Liebe tätig ist."

Gal. 5,6

„Denn alles, was von Gott geboren ist, überwindet die Welt; und unser Glaube ist der Sieg, der die Welt überwunden hat."

1. Joh. 5,4

1.1. Die Quelle des Glaubens

Der Glaube hat einen Haftpunkt. Dieser liegt nicht in ihm selbst. Der biblische Glaube von Juden und Christen bezieht sich auf den Gott Abrahams, Isaaks und Jakobs. Der Glaube der Christen hängt über das Bekenntnis Israels hinaus an Jesus Christus und hofft auf Gott, den Heiligen Geist. So hat es das apostolische Glaubensbekenntnis formuliert.

Aber wie kommt dieser Glaube zustande? Woran misst er sich? Wie gewinnt er Gestalt? Da der Glaube wie das Leben aus Gott kommt, kann niemand einen Weg festlegen, auf dem der Glaube zu gewinnen ist. Es gibt keine Methode, die zum Glauben führt. Glauben ist ein Ereignis, das Gott wirkt. Und also macht sich Gott den Menschen erkennbar.

In der Alten Kirche der Antike kam man dazu, Jesus als *„das Wort Gottes"* den *Logos* [Johannes 1,1ff] zu beschreiben. Damit ist gemeint, dass Jesus die Anrede Gottes an die Menschen ist. Jesus ist das authentische Bild Gottes, und Jesus ist der Mensch, wie er vor Gott sein soll. In der Sprache der Theologie ist das die Offenbarung Gottes, dass er sich dem Glauben erkennbar macht, dass er den Menschen *„durch sein Wort"* anspricht.

Jesu Zeitgenossen hatten die Anschauung der Offenbarung Gottes. Einige ließen sich anreden. Einige folgten Jesus nach und wollten mit ihm leben. Die meisten folgten ihm nicht. Die zeitliche Nähe zu den Ereignissen ist offenbar auch keine Garantie dafür, dass es zum Glauben kommt. Schon die zweite Generation der Christen hatten sie diese direkte Anschauung nicht mehr. Sie waren darauf angewiesen, dass Gott sich in dem erschloss, was andere von ihm erzählten. Die Anrede Gottes an die Menschen bleib dieselbe. Die Weise der Anschauung hatte sich geändert. Jetzt wurde diese Überlieferung schriftlich fixiert: die Geschichten von und um Jesus wurden gesammelt, die wichtigen Briefe an die frühen christlichen Gemeinden ebenso. Aus der Feder des Lukas stammt das nach ihm benannte Lukasevangelium und die Geschichte der frühen Kirche [Apostelgeschichte]. In dem Schatz dieser Überlieferungen – so glaubt die Kirche – kommt Gott selbst verlässlich zu Wort.

Es sind ganz unterschiedliche Texte. Manchmal scheinen sie sich nicht nur zu widersprechen, sie widersprechen sich gelegentlich auch wirklich! Bisweilen werden Abläufe jeweils anders dargestellt. Jedes der vier Bücher über Jesus, also jedes der vier Evangelien hat sein eigenes Profil, seine eigene Art, mit der Überlieferung umzugehen, sein eigenes Verständnis von der Bedeutung des Alten Testaments für die Person und das Werk Jesu Christi. Es sind vier unterschiedliche Perspektiven, und doch weisen alle vier auf den einen hin, der am Kreuz starb und Ostern von den Toten auferweckt wurde. Einen anderen, verlässlichen Zugang zum Wort Gottes gibt es nicht als die Bibel in ihren einzelnen Aussagen, ihren unterschiedlichen Perspektiven und ihrem gesamten Zeugnis. Und was Menschen als Gottes Wort ausgeben, das will an dieser biblischen Überlieferung geprüft sein. Die Überprüfung hat jede Generation wieder neu zu leisten, weil sich auch die Perspektive der Leserinnen und Leser dauernd verändert, weil auch der Blick der Christen auf die biblischen Texte nie einfach derselbe bleibt.

In der Zeit nach der Zerstörung des Tempels von Jerusalem durch die römischen Truppen unter Titus Vespasian (70n. Chr.) hat die Judenheit den Kanon ihrer Heiligen Schriften zusammengestellt. Es waren sämtlich Texte in hebräischer [in wenigen Teilen auch in aramäischer] Sprache. Es waren die Bücher der Geschichte und der Ordnungen Israels, der Propheten und der geistlichen Dichtungen. Für die Judenheit von richtungsweisender Bedeutung ist die Tora, die die 5 Mosebücher umfasst.

Auch die Christenheit hatte im 2. Jahrhundert allen Grund, den Kanon der biblischen Schriften zu schließen. So hatte der römische Reeder Marcion um 140 n.Chr. -. Ein Christ aus er römischen Gemeinde versucht, das *„Alte Testament“* aus der christlichen Bibel zu verbannen und mit ihm alle anderen Texte, die von Juden Gutes zu sagen wissen.

Die Kirche hat sich dieser Art der Trennung von Israel und Kirche versagt, obwohl es in ihr auch zu allen Zeiten antijudaistische Tendenzen gab und es sie bisweilen auch bis in die Gegenwart hinein noch gibt. Um den Überlieferungsbestand zu sichern wurden die 37 griechischen Schriften des Neuen Testaments für verbindlich erklärt.

Mit diesen Entscheidungen für die hebräische Bibel (Altes Testament) und die griechischen Schriften um die Person Jesu und dien Geschichte der frühen christlichen Gemeinden (Neues Testament) haben sowohl die Judenheit wie auch die frühchristliche Kirche sich gegen eine Fülle von anderen Schriften entschieden. Darunter waren zum Teil bemerkenswerte Glaubenszeugnisse, die auch historisch nicht weit entfernt von den anderen biblischen Schriften entstanden sind. Unter diesen ausgeschiedenen Schriften waren aber in der Mehrzahl auch legendenhafte Ausschmückungen der Jesus – Überlieferung und wilde apokalyptische Texte vom Ende der Welt.[3]

Wenn Menschen sagen: die Bibel ist Gottes Wort, dann meinen sie damit, dass Gott selbst in diesen verschiedenen Texten zu Wort kommen will und dass die Gemeinde alles das, was sie zu ihrem Glauben braucht, aus der Bibel erfährt. Dabei ist die Bibel bei aller Bestimmtheit ein offenes Buch, das gegenwärtige Auslegung sowohl ermöglicht, als auch dass sie gegenwärtiger Auslegung bedarf, damit Gott aktuell zur Sprache kommt.

Wenn Menschen sagen: die Bibel ist Gottes Wort: dann sagen sie damit auch: Alles was in der christlichen Kirche gelten, und was den Glauben an Jesus Christus zur Sprache bringen soll, hat sich an diesem Buch auszuweisen. Natürlich offenbart sich Gott auch in der Natur, in der Liebe in Schönheit. Aber er offenbart sich dort nicht so, dass man ihn dort auch sicher erkennen könnte. Die Zeichen Gottes sind – Gott sei Dank! – überall in der Welt, aber wer sie lesen will, der braucht die Bibel als Verstehensrahmen.

> Die römisch katholische Kirche hat sich im 1. Vatikanischen Konzil (1871) anders entschieden. Für sie gilt sowohl, dass Gott sicher aus der Natur erkennbar ist, und für sie gilt auch, dass die Kirchliche Tradition – und zwar so, wie sie vom Lehramt des Papstes vertreten und ausgelegt wird.[4]

---

3. Vgl. Edgar Hennecke, Wilhelm Schneemelcher , Neutestamentliche Apokryphen in deutscher Übersetzung, 4. Auflage, 1. Band: Evangelien, Tübingen 1968, 2.Band: Apostolisches, Apokalyptisches und Verwandtes, 3.Auflage, Tübingen 1965.
4. Neuner-Roos, Der Glaube der Kirche, in den Urkunden der Lehrverkündigung, neubearbeitet von Karl Rahner und Karl-Heinz Weger, Regensburg 11.Auflage 1971, *„Die heilige Mutter Kirche hält fest und lehrt: Gott, aller Dinge Grund und Ziel, kann mit dem natürlichen Licht der*

Texte:

Joh.1,1ff. „Und das Wort ward Fleisch und wohnte unter uns, und wir sahen seine Herrlichkeit, eine Herrlichkeit als des eingeborenen Sohnes vom Vater, voller Gnade und Wahrheit. 15 Johannes gibt Zeugnis von ihm und ruft: Dieser war es, von dem ich gesagt habe: Nach mir wird kommen, der vor mir gewesen ist; denn er war eher als ich. 16 Und von seiner Fülle haben wir alle genommen Gnade um Gnade."

1. Thess 2,13 „Und darum danken wir auch Gott ohne Unterlaß dafür, dass ihr das Wort der göttlichen Predigt, das ihr von uns empfangen habt, nicht als Menschenwort aufgenommen habt, sondern als das, was es in Wahrheit ist, als Gottes Wort, das in euch wirkt, die ihr glaubt."

Apg.17,11 heißt es von den Juden in Beröa: „Diese aber waren freundlicher als die in Thessalonich; sie nahmen das Wort bereitwillig auf und forschten täglich in der Schrift, ob sich's so verhielte."

Römer 15,4 „Denn was zuvor geschrieben ist, das ist uns zur Lehre geschrieben, damit wir durch Geduld und den Trost der Schrift Hoffnung haben."

2. Tim 3,16 „Denn alle Schrift, von Gott eingegeben, ist nütze zur Lehre, zur Zurechtweisung, zur Besserung, zur Erziehung in der Gerechtigkeit,"

---

menschlichen Vernunft aus den geschaffenen Dingen mit Sicherheit erkannt werden" S.43, Nr.27 (3004).

Exkurs 1: der fundamentalistische Glaube

Der Begriff *„fundamentalistisch“* ist missverständlich. Es ist gut, wenn Menschen für ihr Leben ein Fundament haben, das belastbar genug ist, damit sie durch die Wechselfälle des Lebens hindurch einen festen Stand zu behalten. Missverständlich und falsch ist es aber, wenn dieser Begriff für bestimmte Erscheinungen von Frömmigkeit und Lebenspraxis in unterschiedlichen Religionen und Weltanschauungen in gleicher Weise verwendet wird.

Dieser Begriff des Fundamentalismus hat Geschichte gemacht, als die US-amerikanische Zeitung *„The Fundamentalist“* zu Beginn des 20. Jahrhunderts gegen Darwins Evolutionslehre und vor allem gegen die Verbreitung dieser Lehre im Schulunterricht kämpfte. Es durfte doch nicht sein, dass eine wissenschaftliche Theorie über die Entstehung der Arten, wie Charles Darwin sie versucht hatte, den biblischen Schöpfungsbericht über die Erschaffung der Welt in sechs Tagen in Frage stellt.

Der wissenschaftlichen Erkenntnis wird so der biblische Text als zeitlose und unfehlbare Wahrheit entgegengestellt. Für den Fundamentalisten ist der Glaube nur dann richtig, wenn er jede Art der Bibelkritik unterlässt. Die Probleme dieser Art von Bibelverstehen liegen offen zutage:

- Fundamentalistisches Bibelverstehen unterscheidet nicht zwischen der Wahrheit Gottes und den im Geist Gottes aber von Menschen verfassten biblischen Texten.
- Wer eine Theorie über die Bibel entwickelt, ohne dass die Bibel dabei selber in ihrer Vielstimmigkeit zu Wort kommt, der wird nur lesen, was er lesen will und nur hören, was er hören will.
- Eine fundamentalistische Theorie über das Bibelverstehen schafft sich ein System, dem dann die Texte gehorchen müssen, wenn denn die Theorie von der Widerspruchsfreiheit der Bibel stimmen soll.
- Für fundamentalistisches Bibelverstehen ist die Frage nach dem Gewicht einzelner Bibelstellen unbeantwortet. Was ist für den Glauben und das Leben der Christen bedeutender: die Geschichten aus der hebräischen Bibel über de

Ausrottung der Feinde, oder das Gebot der Feindesliebe in der Bergpredigt Jesu?

- In der Praxis hat sich fundamentalistisches Bibelverstehen oft mit extrem konservativen politischen Einstellungen verbunden. So finden sich unter fundamentalistisch geprägten Christen viele Gegner von vorehelicher Sexualität und Empfängisverhütung, natürlich auch von Abtreibung, aber dagegen viele Befürworter von Krieg und Todesstrafe.
- Fundamentalistisches Bibelverständnis lässt die Frage offen, welcher Text aus der Fülle der überlieferten, neutestamentlichen Handschriften „inspiriert" ist. Son gibt es von der Apostelgeschichte des Lukas zwei erheblich voneinander abweichende Handschriften aus alter Zeit. Welche kann für sich die letzte Gültigkeit beanspruchen?

Wer die Bibel lesen und verstehen will, der wird sich Rechenschaft ablegen über den Weg, den er dabei beschreitet. Wer die Bibel lesen und verstehen will, der muss angeben, nach welchen Methoden und Gesichtspunkten er vorgeht und wie er die Ergebnisse seiner Auslegung wertet und gewichtet.

> In der Sprache Martin Luthers geht es darum *„Gesetz"* und *„Evangelium"* voneinander zu unterscheiden, ohne sie zu trennen. Martin Luther war es wichtig, festzuhalten: Die Mitte der Schrift ist bei den Texten *„die Christum treiben".* Wichtig ist also die Geschichte Gottes mit seinem Volk Israel und mit dem Juden Jesus von Nazareth, seinem Messias. Die Bibel ist kein *„papierner Papst"* wie Luther sagte. Sie ist ein Buch voller Leben, so spannend, manchmal auch so widersprüchlich wie das Leben selbst ist. Wer sich auf ihre Texte einlässt, der wird Glaubenserfahrungen machen. Dazu muss die Bibel ihre Sache unzensiert und in Freiheit sagen können, ohne dass ich sie im Vornherein für unfehlbar erkläre, oder dass ich ihr vorschreibe, was sie mir zu sagen hat.

Fundamentalistisches Bibelverstehen geht von der Widerspruchsfreiheit der Bibel aus. Und wenn sich dann doch an manchen Stellen Widersprüchliches auftut, dann muss viel vordergründige Gelehrsamkeit und viel Fleiß aufgewendet werden, um diese Widersprüche zu harmonisieren.

Beispiel: Wenn ich die Jona-Geschichte in den Prophetenbüchern des Alten Testaments lese und jedes Wort für historisch zutreffend halte, dann muss ich erklären, wie ein solcher *„großer Fisch“* in das Mittelmeer kommt und wie sich ein Mensch drei Tage lang im Magen des Ungeheuers der Verdauungssäfte und anderer Unannehmlichkeiten erwehren kann, ohne Schaden zu nehmen. Fundamentalistische Verstehensversuche legen einen ungeheuren Fleiß an den Tag, um das berichtete „Wunder Gottes“ dann doch wieder in naturwissenschaftliche Zusammenhänge einzuordnen und so die Wahrheit des Textes doch zu *„beweisen“*. Wesentliches der Jona-Erzählung wird verschüttet, wenn min Hauptaugenmerk als Ausleger er Bibel auf dem Realitätsbeweis liegt.

Die Bibel braucht keinen Sicherheitszaun, der sie vor wissenschaftlichen Theorien und widersprüchlichen Textauslegungen schützt. Es ist der Glaube der Christen, dass Gott durch diese Texte auch weiter redet, wie er durch die biblischen Texte geredet hat. So gibt es ungeheuer spannende Auslegungen von Texten der Heiligen Schrift, die von Menschen stammen, die nicht im christlichen Glauben, sondern in anderen Welten verwurzelt sind. Der Glaube vertraut darauf, dass Gott sich in diesem Buch und aus diesem Buch erschließt, wie er sich in der Vergangenheit wieder und wieder erschlossen hat..

Texte:

wenn du nach Vernunft rufst und deine Stimme nach Einsicht erhebst, 4 wenn du sie suchst wie Silber und nach ihr forschst wie nach Schätzen: 5 dann wirst du die Furcht des HERRN verstehen und die Erkenntnis Gottes finden. 6 Denn der HERR gibt Weisheit, und aus seinem Munde kommt Erkenntnis und Einsicht.

Sprüche Salomos 2,3-6

Wir aber, die wir Kinder des Tages sind, wollen nüchtern sein, angetan mit dem Panzer des Glaubens und der Liebe und mit dem Helm der Hoffnung auf das Heil.

1.Thesalonicher 5,8

„Gott ist Geist, und die ihn anbeten, die müssen ihn im Geist und in der Wahrheit anbeten."

Joh. 4,24

„Nicht dass wir tüchtig sind von uns selber, uns etwas zuzurechnen als von uns selber; sondern dass wir tüchtig sind, ist von Gott,
6 der uns auch tüchtig gemacht hat zu Dienern des neuen Bundes, nicht des Buchstabens, sondern des Geistes. Denn der Buchstabe tötet, aber der Geist macht lebendig."

2. Kor 3,5f

Exkurs 2 Bibel und Koran

Die meisten Religionen der Welt kennen *„heilige Bücher"*. Überlieferungen werden in Texten festgehalten, die für die Religion eine besondere Bedeutung haben. Entscheidend ist, welchen Regeln die jeweilige Religion im Umgang mit ihren Texten folgt und welches Grundverständnis sie von ihren *„heiligen Büchern"* hat.

Die westlich geprägte Christenheit hat im Laufe der Zeit ein Schriftverständnis herausgearbeitet, das in der Bibel eine historisch gewachsene Sammlung von Schriften in hebräischer [aramäischer] und griechischer Schriften sieht, die authentisch Auskunft geben über den Glauben des Volkes Israel und über den Glauben an den Jesus Christus, von dem die Christen glauben, dass er der Messias Israels und der Heiland der Welt ist.

Für das Bibelverständnis der westlich geprägten Christenheit ist unerlässlich, dass es eine Differenz festhält zwischen dem Gegenstand des Glaubens und dem Glauben selbst. Der Glaube hält sich an den dreieinigen Gott, darum kann er nicht *„Buchstabenglaube"* werden. Andererseits gibt es keine anderen Texte und Überlieferungen, die in der Weise über das Handeln Gottes in der Welt Auskunft geben könnten wie die biblischen Texte. [siehe oben unter 2.2]

Der Islam hat ein anderes Verständnis von seiner *„Heiligen Schrift"*, dem Koran. In den Suren des Korans handelt es sich moslemischem Verständnis nach um unmittelbar geoffenbarte Texte, die von Allah dem Propheten Mohammed gleichsam *„in die Feder diktiert"* worden sind. Aufgrund dieses Verständnisses kann es eine Koran-Kritik entsprechend der historischen Bibel-Kritik so nicht geben. Der Koran ist nur in arabischer Sprache authentisch zu überliefern. Übersetzungen in andere Sprachen sind nicht anerkannt. Auch gibt es kaum eine vergleichende religionsgeschichtliche Forschung, die den Koran in den Kontext von jüdischen und christlichen Traditionen stellt und ihn auch in diesem Zusammenhang zu verstehen sucht.

Ein Gespräch zwischen Moslems und Christen wird diese Differenz im Schriftverständnis zu beachten und auch zu thematisieren haben.

„Der Koran ist die für alle Muslime verbindliche Offenbarungsquelle, denn er ist für sie Gottes Wort und Wille, unverfälscht und letztgültig. Deshalb kann seine Stellung in der islamischen Religion mit der Jesu Christi im christlichen Glauben verglichen werden.“

Karl Wolfgang Tröger[5]

---

5. Karl-Wolfgang Tröger, Bibel und Koran Berlin 2004, S. 71

2. Gott

„*Gott*“ ist ein Wort unserer Sprache. Das althochdeutsche Wort „*got*“ geht zurück auf eine indogermanische Wurzel und meint wohl „*anrufen*“. Nach dieser alten Vorstellung ist ein Gott das Wesen, das von Menschen angerufen wird. Dabei bleibt das so bezeichnete Wesen selbst allgemein. Auch wenn das hochdeutsche Wort „*Gott*“ in der Mehrzahl der Fälle als Bezeichnung für den Gott der Christen gebraucht wird, trifft es doch auf alles zu, was Menschen sich als „*höhere Wesen*“ vorstellen. Das betrifft die Götter der antiken Religionen ebenso wie die Götter der Hindus, der Volksstämme in Afrika, Asien und Amerika. Mit diesem Wort „*Gott*“ ist also in unserer Sprachtradition ein Wesen gemeint, das auf irgendeine Art dem Menschen gegenüber steht und über Kräfte und Kenntnisse verfügt, die dem Menschen so nicht eigen sind, die er sich aber in beschränktem Maße durch seine Beziehung zu jedem Wesen selbst verschaffen oder für sich nutzen kann.

In diesem Sinne scheint es keine Kultur zu geben, die auf irgendeiner ihrer Entwicklungsstufen nicht solch ein Wesen gekannt hätte oder kennt. Mögen die einzelnen religiösen Ausprägungen noch so verschieden sein, es scheint, als ob eine wie auch immer geartete Religiosität zur „*genetischen Grundausstattung*“ des Menschen gehört.

> Das bedeutet nicht, dass alle Menschen religiös in dem Sinne sind, dass sie alle mit einem ihnen gegenübertretenden göttlichen Wesen rechnen. Der neuzeitliche Atheismus hat diese Vorstellungen nachhaltig gestört. Trotzdem ist es so, dass alle Menschen religiöse Verhaltensweisen zeigen, wenn sie bestimmte Fest- oder Gedenktage begehen wenn sie sich an den Wendepunkten des Lebens [Geburt, Pubertät, Partnerschaft, Tod] bestimmten Ritualen unterziehen, die ihnen helfen, diese Krisensituationen zu bewältigen. Auch wer niemals von sich behaupten würde, religiös zu sein, zeigt Verhaltensweisen, die allgemein-religiösen Charakter haben und die sich nicht darin erschöpfen, dass sie in sich sinnvoll und zweckmäßig wären.

In der bunten Welt der Religionen ist das Christentum eine mögliche Ausprägung von allgemeiner Religiosität. Und der Gott der Christen ist in dieser Perspektive auch nur ein Spezialfall von dem, was man sonst *„höheres Wesen“* nennen würde. Er erscheint als ein Wesen ohne Namen, ohne Zeit und ohne konkreten Ort.

Wir werden sehen, dass mit dieser allgemeinen Definition von Gott und Religion die jeweils konkrete Gestalt weder des Judentums, noch des Christentums oder des Islam und auch nicht der anderen Religionen hinreichend beschrieben ist. Die Theologen und Philosophen der europäischen Aufklärung haben dieses Bild gezeichnet, weil sie nach einem Gott suchten, der der natürlichen Vernunft einleuchtend ist und dessen Erkenntnis ohne religiöses Geheimwissen nicht nur möglich sondern der menschlichen Vernunft auch zwingend nötig ist.

Text:

> „Mose aber hütete die Schafe Jitros, seines Schwiegervaters, des Priesters in Midian, und trieb die Schafe über die Steppe hinaus und kam an den Berg Gottes, den Horeb. 2 Und der Engel des HERRN erschien ihm in einer feurigen Flamme aus dem Dornbusch. Und er sah, dass der Busch im Feuer brannte und doch nicht verzehrt wurde. 3 Da sprach er: Ich will hingehen und die wundersame Erscheinung besehen, warum der Busch nicht verbrennt. 4 Als aber der HERR sah, dass er hinging, um zu sehen, rief Gott ihn aus dem Busch und sprach: Mose, Mose! Er antwortete: Hier bin ich. 5 Gott sprach: Tritt nicht herzu, zieh deine Schuhe von deinen Füßen; denn der Ort, darauf du stehst, ist heiliges Land! 6 Und er sprach weiter: Ich bin der Gott deines Vaters, der Gott Abrahams, der Gott Isaaks und der Gott Jakobs. Und Mose verhüllte sein Angesicht; denn er fürchtete sich, Gott anzuschauen. 7 Und der HERR sprach: Ich habe das Elend meines Volks in Ägypten gesehen und ihr Geschrei über ihre Bedränger gehört; ich habe ihre Leiden erkannt. 8 Und ich bin herniedergefahren, dass ich sie errette aus der Ägypter Hand und sie herausführe aus diesem Lande in ein gutes und weites Land, in ein Land, darin Milch und Honig fließt, in das Gebiet der Kanaaniter, Hetiter, Amoriter, Perisiter, Hiwiter und Jebusiter. 9 Weil denn nun das

Geschrei der Israeliten vor mich gekommen ist und ich dazu ihre Not
gesehen habe, wie die Ägypter sie bedrängen, 10 so geh nun hin, ich
will dich zum Pharao senden, damit du mein Volk, die Israeliten, aus
Ägypten führst. 11 Mose sprach zu Gott: Wer bin ich, dass ich zum
Pharao gehe und führe die Israeliten aus Ägypten? 12 Er sprach: Ich
will mit dir sein. Und das soll dir das Zeichen sein, dass ich dich
gesandt habe: Wenn du mein Volk aus Ägypten geführt hast, werdet
ihr Gott opfern auf diesem Berge. 13 Mose sprach zu Gott: Siehe,
wenn ich zu den Israeliten komme und spreche zu ihnen: Der Gott
eurer Väter hat mich zu euch gesandt! und sie mir sagen werden: Wie
ist sein Name?, was soll ich ihnen sagen? 14 Gott sprach zu Mose: Ich
werde sein, der ich sein werde. Und sprach: So sollst du zu den
Israeliten sagen: »Ich werde sein«, der hat mich zu euch gesandt."

2.Mose 3, 1-14

Mit diesem Gott, wie er in der antiken Philosophie und dann im christlichen Mittelalter und in der Aufklärung beschrieben worden ist, beschäftigen sich die sogenannten *„Gottesbeweise"*. Sie versuchen im Rahmen des ihnen vorgegebenen Weltbildes die Existenz und die Eigenschaften Gottes zu beweisen. Sie schließen vom Endlichen auf das Unendliche, von den Wirkungen auf die erste Ursache, von der Denknotwendigkeit des eigenen Ich auf die Denknotwendigkeit Gottes. Immanuel Kant hat die Gottesbeweise als Trugschlüsse entlarvt. Er sagt: Die Gottesbeweise setzen voraus, was sie beweisen wollen.

Die *„Gottesbeweise"* sind keine Erfindung des Christentums. In ihrer Mehrzahl entstammen sie der griechischen Philosophie des 4. vorchristlichen Jahrhunderts. Die verschiedenen Vorgehensweisen lassen durchgängig eine vergleichbare Struktur erkennen:

> In einer Welt, in der alles zusammenhängend und sinnvoll erscheint, haben die Gottesbeweise einen Sinn. In einer Welt, die immer mehr zerfällt, in der die verschiedenen Weltbilder miteinander konkurrieren, ist weder der Zusammenhang aller Dinge, noch ihr Sinn plausibel. Wenn aber Zusammenhang und Sinn fraglich geworden sind, so zerfällt auch der Grund, auf dem die Gottesbeweise stehen.

Sinnvoll bleiben jedoch die Gottesbeweise darin, dass sie Versuche sind, zu zeigen, dass der Glaube nicht unvernünftig ist, dass die Existenz Gottes denkmöglich ist und bleibt. Diesen Weg hat vor allem Anselm von Canterbury [ca. 1033 - 1109] mit seinem *„ontologischen Gottesbeweis“* beschritten: Der Glaube will sich seiner Denkmöglichkeit vergewissern – *fides quaerens intellectum.*[6]

---

6. Anselm von Canterbury, *Proslogion: lateinisch/deutsch.* Übersetzung, Anmerkungen und Nachwort von Robert Theis. Reclam, Stuttgart 2005

2.1. Der Name Gottes

Die Judenheit geht nicht davon aus, dass sich Gott allein im Denken erschließt. Gott macht sich erkennbar in dem, was er tut. Er zeigt sich als der, der das Volk aus der ägyptischen Sklaverei befreit, und er zeigt sich als der, der dem Volk durch seinen Bevollmächtigten Mose seine Gebote, seine Lebensregeln gibt.

Der Gott Israels befreit und er regelt das Leben in der Freiheit. Beides gehört in der biblischem Erzählung und darüber hinaus zusammen.

In dem ersten der 10 Gebote vom Berg Sinai stellt sich der Gott Israels als der vor, der sein Volk aus der Knechtschaft befreit hat. Nicht in Bildern ist er festzuhalten. Er zeigt sich in seinen Taten und in seinen Worten. Wer ihn versucht abzubilden, der verliert ihn, der scheitert mit seinem Versuch, Gott nahe zu kommen.

Vor allem gibt sich Gott in seinem Namen zu erkennen. Mose erfährt den Namen Gottes als er, ein gescheiterter Befreier, die Schafe seines Schwiegervaters in der Wüste hütet. Gott redet mit ihm, gibt ihm den Auftrag, nach Ägypten zurückzukehren [2. Mose 3], und als Mose diesen Gott nach seinem Namen fragt, antwortet er:

> „Ich werde sein, der ich sein werde“
>
> 2.Mose 3,14

Der hebräische Wortlaut dieses Namens Gottes entzieht sich einer präzisen Übersetzung. Es ist ein Name, der auf die Zukunft hinweist [ich werde sein...]. Es ist ein Name, der auch zum Ausdruck bringt, dass Gott nicht allein sein wird [ich werde – für dich - dasein...]. Der Name Gottes verweist auf seine Geschichte, auf die Zukunft, die er mit seinem Volk haben und vor allem gestalten wird.

Eines verbietet sich aber: Dieser Name soll nicht missbraucht werden. Er soll nicht, wie Martin Buber übersetzt, *„ins Wahnhafte“* genannt werden. Es ist ein beliebtes Spiel, mit dem Namen von Menschen in magischen Ritualen Kräfte zu beschwören, die sich für oder auch gegen diesen Menschen richten sollen.

Beispiel: Ein Beispiel für die Bedeutung des Namens in früherer Zeit ist das Märchen vom Rumpelstilzchen: Der angeberische Müller behauptet, seine Tochter könne Stroh zu Gold spinnen. Der König geht gern darauf ein. Die Müllerstochter wird in einen Raum gesperrt und soll nun das Versprechen des Vaters erfüllen. Als sie verzweifelt weint, kommt ein Männlein und bietet seine Hilfe an. Dafür verlangt er kleine Geschenke. Am andern Morgen ist das Stroh zu Gold gesponnen. Da die Goldgier des Königs durch den Erfolg nun erst richtig entfacht ist, wiederholt sich das Spiel. Beim dritten Male verspricht der König, das Mädchen zu heiraten, wenn es eine Scheune voller Stroh zu Gold spinnt. Diesmal verlangt das Männlein das erste Kind der künftigen Königin. Als das dann geboren wird, will sich der Zwerg seinen Lohn holen. Die Königin ist verzweifelt. Eine Chance hat sie noch. Wenn sie binnen dreier Tage den Namen des Wichtes herausbekommt, kann sie ihr Kind behalten. In letzter Sekunde erzählen ihr Boten, dass sie am Ende der Welt einen Zwerg um ein Feuer tanzen sahen, der sang: *„Heute back ich, morgen brau ich, übermorgen hol ich mir der Königin ihr Kind. Ach wie gut, dass niemand weiß, dass ich Rumpelstilzchen heiß."* Als der Zwerg seinen Namen hört, zerreißt er sich und fährt zur Hölle. Mit dem Namen hatte die Königin die Macht des Rumpelstilzchens gebrochen. Der „Besitz" des Namens verleiht Macht über seinen Träger. In diesem Märchen sind Namen nicht nur „Schall und Rauch". Der Name ist die Person, und wenn der Name in falsche Hände kommt, ist die Person zerstört.

Der Name des Gottes Israel [JHWH] entzieht sich diesen magischen Vorstellungen. Und wie er sich der Übersetzbarkeit nahezu entzieht, so entzieht er sich dem, dass Menschen Macht über ihn bekommen und ihn so missbrauchen.

In den reformatorischen Bekenntnisschriften werden unter dem Missbrauch des Gottesnamens vor allem Fluchen, falsche Eide schwören, Zaubern und leichtsinniges Reden genannt. Aber der Missbrauch des Gottesnamens greift weiter. In einem Museum der Stadt Oslo, in dem die Besetzung Norwegens durch die Deutsche Wehrmacht dokumentiert ist, sieht man in einer Vitrine das Koppelschloss eines deutschen Soldaten. Darauf ist der Reichsadler mit dem Hakenkreuz zu sehen mit der Umschrift *„Gott mit uns!"* Hier ist das Wort „Gott" benutzt als Rechtfertigung für einen Angriffskrieg.

Missbrauch des Gottesnamens ist auch, wenn das Wort *„Gott“* in einer Weise verwendet wird, die erkennen lässt, dass dieses Wort leer geworden ist und bestenfalls noch als Chiffre für Transzendentes im Allgemeinen benutzt wird.

Beispiel: In seiner Erzählung *„Dr. Murkes gesammeltes Schweigen“* [zeichnet Heinrich Böll das Portrait des Rundfunkredakteurs Dr. Murke. An diesem Tag hat er den Vortrag des Kunsthistorikers Prof. Bur-Malottke zu bearbeiten, der eine Reihe von Rundfunkvorträge über „das Wesen der Kunst“ gehalten hat. Über Nacht sind Bur-Malottke Bedenken gekommen, an der religiösen Überfremdung des Rundfunks mitschuldig zu sein. So beschließt er, in seinen Vorträgen das Wort „Gott“ durch die Formulierung „jenes höhere Wesen, das wir verehren“ zu ersetzen. Dr. Murke muss diese Ersetzungen vornehmen. Im Verlauf des Textes wird deutlich, wie hohl das Wort *„Gott“* geworden ist, wie ersetzbar und auswechselbar. [7]

Auch wenn im allgemeinen Sprachgebrauch das Wort *„Gott“* lediglich zur unterschiedslosen Bezeichnung alles dessen verwendet wird, was es an transzendenten Mächten, Wesen und Kräften geben mag, so unterscheidet sich der Gott Israels von diesen Mächten und Gewalten durch seinen offenbaren Namen, der von seinem Volk heilig gehalten werden soll und heilig gehalten worden ist.

---

7. Heinrich Böll, „Dr. Murkes gesammeltes Schweigen“ (1955), in: Heinrich Böll, Meistererzählungen, Gütersloh, s.a. S.345-375.

2.2. Das Bild Gottes

Dem Verbot, den Namen Gottes zu missbrauchen, entspricht das Verbot, sich keine Gottesbilder zu machen.

In den antiken Religionen ist das Gottesbild der Repräsentant der Gottheit selbst. Es steht im Zentrum des Tempels. Die Opfer für die Gottheit werden im „Angesicht" ihres Bildes dargebracht. Berühmt waren die Bilder des olympischen Zeus im Tempel von Olympia auf dem Peloponnes, das Standbild der Athene im Parthenon auf der Athener Akropolis oder die Statue der Artemis im kleinasiatischen Ephesus, von dem auch die Apostelgeschichte des Lukas zu berichten weiß [Apg. 19]. Kleine Souvenir-Figuren dieser Statue sind bei Ausgrabungen im gesamten Mittelmeerraum gefunden worden.

Der Gott Israels ist ohne Bild. Schon in der Frühzeit der israelitischen Väterreligion scheint es bestimmte Orte gegeben zu haben, an denen der Gott Abrahams, Isaaks und Jakobs verehrt wurde. Von Gottesbildern wird nichts berichtet, ja die hebräische Bibel geht besonders unnachsichtig gegen solche Gottesdarstellungen vor. Es ist mittlerweile in der Forschung unbestritten, dass es auch in der unmittelbaren Umgebung Israels, ja in Israel selbst Kultbilder gegeben hat. Das ist archäologisch belegt[8]. So erklärt sich auch die unnachsichtige theologischen Polemik gegen diese Frömmigkeitspraxis.[9]

Der Salomonische Tempel von Jerusalem enthielt in seinem zentralen Raum, im *„Allerheiligsten"* vermutlich die Lade mit den Gebotstafeln, nicht aber eine Darstellung des Gottes selbst. Während der vorderasiatischen Eroberungskriege

---

8. Vgl. Dieter Vieweger, Archäologie der biblischen Welt, Göttingen 2003.
9. Vgl. Psalm 115, 3-9
Warum sollen die Heiden sagen: Wo ist denn ihr Gott?
Unser Gott ist im Himmel; er kann schaffen, was er will.
Ihre Götzen aber sind Silber und Gold, von Menschenhänden gemacht.
Sie haben Mäuler und reden nicht, sie haben Augen und sehen nicht,
sie haben Ohren und hören nicht, sie haben Nasen und riechen nicht,
sie haben Hände und greifen nicht, / Füße haben sie und gehen nicht, und kein Laut kommt aus ihrer Kehle.
Die solche Götzen machen, sind ihnen gleich, alle, die auf sie hoffen.
Aber Israel hoffe auf den Herrn! Er ist ihre Hilfe und Schild.

der Assyrer und der Babylonier sind diese Kultgegenstände verloren gegangen. Fortan war das Allerheiligste des Tempels leer.

> Die kulturellen Folgen des Bilderverbots sind weitreichend: In der jüdischen Kultur fehlen bis auf den heutigen Tag alle Gottesdarstellungen. Die religiöse Lebensgestaltung vollzieht sich weniger mit Werken der bildenden Kunst, als vielmehr mit Dichtung und Musik. Die Hochschätzung des Wortes vor dem Bild führt zu einem hohen Grad an Alphabetisierung der gesamten Bevölkerung. Auch ermöglicht das Bilderverbot den Gottesdienst an jedem Ort. Gerade nach der Zerstörung des Tempels ermöglicht die Bildlosigkeit des Kultus, dass sich der Schwerpunkt des religiösen Lebens in die örtlichen Synagogen verlagerte. Das Judentum kann bis auf den heutigen Tag ohne den Tempel in Jerusalem leben.

Allerdings betrifft das Bilderverbot mehr als nur bildliche Darstellungen Gottes. Bilder halten den Augenblick fest, sie fixieren den momentanen Blickwinkel und schreiben ihn in die Zukunft fest. Genau so können auch Gedanken und Gedankensysteme wie Bilder wirken. Eine Theorie von Gott kann versuchen, den lebendigen Gott in die eigenen Gedanken einzuzeichnen und ihn so seiner Freiheit zu berauben. Eine Ideologie kann einen Gottesersatz formulieren. In der Geschichte des 20. Jahrhunderts haben Ideologien eine zentrale Rolle bei der Bildung und Durchsetzung politischer Theorien gespielt. Und Millionen von Menschen sind auf dem Altar solcher Ideologien geopfert worden. Das unbedingte Festhalten an den Dogmen der Ideologie schien wichtiger als das Leben der Menschen, die sich diesem Systemzwang nicht fügen wollen.

Das Bilderverbot der hebräischen Bibel hat eine ideologiekritische Spitze. Es nötigt dazu, immer wieder zu prüfen, ob die eigene Rede von Gott nicht längst zu einem System geworden ist, oder ob sie bereit ist, die Vorläufigkeit der eigenen Gedanken zu erkennen und zu revidieren. Christliches Nachdenken über Gott hat sich stets der Kritik des biblischen Wortes auszusetzen und diesem Wort eher als den eigenen Gedanken zu folgen.

Texte

Der Schweizer Autor Max Frisch hat in seinem Lebenswerk immer wieder die Frage gestellt, was geschieht, wenn Menschen sich voneinander *„ein Bild machen"* und wenn sie sich auf dieses Bild festlegen. In seinem Tagebuch (1949) schreibt er ...

„Es ist bemerkenswert, dass wir gerade von dem Menschen, den wir lieben am mindesten aussagen können, wie er sei. Wir lieben ihn einfach. Eben darin besteht ja die Liebe, das Wunderbare an der Liebe, dass sie uns in der Schwebe des Lebendigen hält, in der Bereitschaft, einem Menschen zu folgen in allen seinen möglichen Entfaltungen. Wir wissen, dass jeder Mensch, wenn man ihn liebt, sich wie verwandelt fühlt, wie entfaltet, und dass aus dem Liebenden sich alles entfaltet, das Nächste, das lange Bekannte. Vieles sieht er wie zum ersten Male. Die Liebe befreit es aus jeglichem Bildnis. Das ist das Erregende, das Abenteuerliche, das eigentlich Spannende, dass wir mit den Menschen, die wir lieben, nicht fertig werden: weil wir sie lieben, solange wir sie lieben. Man höre bloss die Dichter, wenn sie lieben, sie tappen nach Vergleichen, als wären sie betrunken, sie greifen nach allen Dingen im All, nach Blumen und Tieren, nach Wolken, nach Sternen und Meeren. Warum? So wie das All wie Gottes unerschöpfliche Geräumigkeit, schrankenlos, alles Mögliche voll, aller Geheimnisse voll, unfassbar ist der Mensch, den man liebt. Nur die Liebe erträgt ihn so.

Unsere Meinung, dass wir das andere kennen, ist das Ende der Liebe, jedes Mal, aber Ursache und Wirkung liegen vielleicht anders, als wir anzunehmen versucht sind nicht, weil wir das andere kennen, geht unsere Liebe zu Ende, sondern umgekehrt: weil unsere Liebe zu Ende geht, weil ihre Kraft sich erschöpft hat, darum ist der Mensch fertig für uns. Er muss es sein. Wir können nicht mehr! Wir kündigen ihm die Bereitschaft, auf weitere Verwandlungen einzugehen. Wir verweigern ihm den Anspruch auf alles Lebendige, dass unfassbar bleibt, und zugleich sind wir verwundert und enttäuscht, dass unser Verhältnis nicht mehr lebendig sei.

„Du bist nicht", sagt der Enttäuschte oder die Enttäuschte, „wofür ich dich gehalten habe." Und wofür hat man sich gehalten? Für ein Geheimnis, das der Mensch ja immerhin ist, ein erregendes Rätsel, das anzuhalten wir müde geworden sind.

Man macht sich ein Bildnis. Das ist das Lieblose, der Verrat ...
Du sollst dir kein Bildnis machen, heißt es von Gott. Es dürfte auch in diesem Sinne gelten: Gott als das Lebendige in jedem Menschen, das, was nicht erfassbar ist. Es ist eine Versündigung, die wir, so wie sie an uns begangen wird, fast ohne Unterlass wieder begehen Ausgenommen, wenn wir lieben."[10]

Ähnlich dürfte Bertold Brecht die Gefahren der Liebe sehen, wenn er in seinen Kalendergeschichten ironisierend schreibt:

Wenn Herr K. einen Menschen liebte

"Was tun Sie", wurde Herr K. gefragt,
"wenn Sie einen Menschen lieben?"
"Ich mache einen Entwurf von ihm",
sagte Herr K.,
"und sorge, dass er ihm ähnlich wird."
"Wer? Der Entwurf?"
"Nein",
sagte Herr K.,
"der Mensch."[11]

Da sich in der Theologie die Rede von Gott [Theo-logie] und die Rede vom Menschen [Anthropologie] in jeder Art und Weise aufeinander beziehen oder entsprechen werden, wird sich eine theologische Bildermacherei [Ideologie] immer auch darin auswirken, wie diese Theologie mit dem Menschen umgeht und was sie von ihm zu sagen hat.

Text:

10. Max Frisch, Tagebuch 1946-1949 in: Max Frisch, Gesammelte Werke in zeitlicher Folge, Band II, Frankfurt am Main 1976, S.369.

„Du sollst dir kein Bildnis noch irgendein Gleichnis machen, weder von dem, was oben im Himmel, noch von dem, was unten auf Erden, noch von dem, was im Wasser unter der Erde ist: 5 Bete sie nicht an und diene ihnen nicht! Denn ich, der HERR, dein Gott, bin ein eifernder Gott, der die Missetat der Väter heimsucht bis ins dritte und vierte Glied an den Kindern derer, die mich hassen, 6 aber Barmherzigkeit erweist an vielen tausenden, die mich lieben und meine Gebote halten.

2. Mose 20, 4ff.

---

11. Bertold Brecht, Geschichten von Herrn Keuner, in: Bertold Brecht, Gesammelte Werke 12, Prosa 2, Frankfurt am Main 1967, S.368.

2.3. Gott macht Geschichte

Die Befreiungstat Gottes, die sein Volk Israel aus der ägyptischen Sklaverei herausführt, ist ein Handeln Gottes im Raum der menschlichen Geschichte: an einem bestimmten Ort zu bestimmter Zeit. Aus diesem Grund versteht die Judenheit ihre Geschichte im Licht des Handelns Gottes. Exodus und Landnahme, Abwehr der Feinde und Errettung aus tödlicher Gefahr, das Exil in Babylon und die Rückkehr in das Land der Verheißung, versteht Israel nicht als zufällige Ereignisse in einer langen, undurchschaubaren Geschichte, sondern interpretiert sie als Geschichte im Dialog mit Gott.

> Das Geschichtswerk, von dem die alttestamentliche Wissenschaft annimmt, dass es die vorletzte Redaktion der 5 Bücher Mose darstellt, das sogenannte *„deuteronomistische Geschichtswerk“* interpretiert die Geschichte Israels als heilvoll, wenn es den Geboten Gottes folgt und unheilvoll, wenn es die Gebote übertritt. Es ist nicht so, dass die Missachtung des Gesetzes Gottes dessen Zorn hervorruft. Vielmehr ist das Unglück Israels verstanden als die Konsequenz des eigenen Handelns. Gottes Gebote sind gut. Sie zu halten, ist das beste, wozu Menschen in der Lage sind. Die Missachtung der Gebote kehrt sich früher oder später gegen denjenigen selbst, der die Gebote missachtet. Ähnlich ist wohl auch zu verstehen, wie Paulus im Römerbrief die Folgen der Sünde beschreibt: Gott hat sie dahingegeben.... Er hat sie sich selber überlassen.

Gott greift in die Geschichte ein, aber er selber ist nicht die Geschichte. Auch ihr, seiner eigenen Schöpfung gegenüber bleibt er frei. Das, was geschieht, ist nicht unbedingt sein Wille. Wer die Geschichte, oder einen bestimmten Teil der Geschichte mit Gottes Handeln vorbehaltlos identifiziert, der läuft Gefahr, aus Gott eine Ideologie zu machen oder ihn zumindest einer Ideologie dienstbar zu machen.

> Es waren nicht wenige Menschen in der Evangelischen Kirche, die in der nationalsozialistischen Machtergreifung im Jahr 1933 eine Offenbarung Gottes zu sehen meinten. Sie waren davon überzeugt,

dass Gott sich in Volk und Rasse offenbart und dass die Kirche nichts anderes und nichts besseres zu tun habe, als sich an die Seite der nationalsozialistischen Bewegung zu stellen, das Führerprinzip auch in der Kirche einzuführen und durchzusetzen, dass alle Menschen „nichtarischer Herkunft" aus dem Kirchendienst zu entlassen seien. Die Zahl der Menschen, die so dachten, ging weit über die Zahl der Mitglieder der Glaubensbewegung *„Deutsche Christen"* hinaus.

„Die Weltgeschichte ist das Weltgericht" – sagt Friedrich Schiller in seinem Gedicht *„Resignation"*.[12] Hinter diesem Satz steht die Erkenntnis, dass die Geschichte selber Richterin über das ist, was geschieht: Die Unterlegenen fallen dem Vergessen anheim, während die Sieger triumphieren. So haben die Opfer der Sieger keine Chance mehr, Recht zu bekommen. Die Toten sind tot. Die vergasten Juden von Auschwitz sind in Rauch aufgegangen. Wenn die Weltgeschichte ihre eigene Richterin sein soll – wer setzt die Opfer in das Recht, das ihnen genommen wurde? Friedrich Schillers Gedicht ist – wie der Titel sagt – Resignation, oder es ist zynisch. Mit dem Gott Israels, der in der Geschichte handelt, ohne selber in der Geschichte aufzugehen, hat diese Weltsicht wenig zu tun.

Das Johannesevangelium spricht in einem groß angelegten Hymnus davon, dass Gott Geschichte gemacht hat, indem er Mensch wurde. So hat er sich den Mächten und Gewalten der Welt ausgesetzt, dass er seinen Weg bis zum Ende gegangen ist, bis zum Tode am Kreuz. Auch er, der Schöpfer der Welt, der Herr Himmels und der Erde wird Opfer, erleidet, was Menschen nur erleiden können.

Indem Gott in der Geschichte handelt, macht er sich verwechselbar mit anderen Mächten und Gewalten, die in der Geschichte mächtig geworden sind. Die Rettung Israels am Schilfmeer kann auch anders gedeutet werden als Eingriff Gottes zugunsten seines Volkes in die Geschichte. Man kann das Ereignis deuten als das Zusammentreffen verschiedener, günstiger Umstände [plötzlicher Wechsel der Windrichtung, Wasserstand, Bodennebel] deuten. Wo der Glaube Gottes rettendes Handeln erkennt, sehen andere Zufälle oder andere Interessen, die zu diesem

---

12. Friedrich Schiller, Resignation, in: Thalia – Erster Band, Heft 2 (1786), Leipzig 1786, S. 64–69.

Ergebnis geführt haben. Die Geschichte Jesu wurde schon zu seinen Lebzeiten anders gedeutet als die Geschichte des Sohnes Gottes. Sie wurde gedeutet als die Geschichte eines gescheiterten Revolutionärs, als eines Märtyrers der Liebe, oder sogar als die Geschichte eines Scharlatans.

Gottes Handeln in der Geschichte will erkannt werden. Wer sein Handeln erkennen will, der wird sich von der Heiligen Schrift alten und neuen Testaments leiten lassen. Er wird behutsam sein in seinen Urteilen. Vorschnelle Begeisterung für bestimmte historische Ereignisse wird ihn nicht bestimmen, ebenso wenig wie es vorschnelle Ablehnung bestimmter Entwicklungen diese als satanisch bezeichnen wird.

Text:

1 Im Anfang war das Wort, und das Wort war bei Gott, und Gott war das
Wort. 2 Dasselbe war im Anfang bei Gott. 3 Alle Dinge sind durch
dasselbe gemacht, und ohne dasselbe ist nichts gemacht, was gemacht
ist. 4 In ihm war das Leben, und das Leben war das Licht der Menschen. 5
Und das Licht scheint in der Finsternis, und die Finsternis hat's nicht
ergriffen.
6 Es war ein Mensch, von Gott gesandt, der hieß Johannes. 7 Der kam
zum Zeugnis, um von dem Licht zu zeugen, damit sie alle durch ihn
glaubten. 8 Er war nicht das Licht, sondern er sollte zeugen von dem
Licht.
9 Das war das wahre Licht, das alle Menschen erleuchtet, die in diese
Welt kommen. 10 Er war in der Welt, und die Welt ist durch ihn gemacht;
aber die Welt erkannte ihn nicht. 11 Er kam in sein Eigentum; und die
Seinen nahmen ihn nicht auf. 12 Wie viele ihn aber aufnahmen, denen
gab er Macht, Gottes Kinder zu werden, denen, die an seinen Namen
glauben, 13 die nicht aus dem Blut noch aus dem Willen des Fleisches
noch aus dem Willen eines Mannes, sondern von Gott geboren sind.
14 Und das Wort ward Fleisch und wohnte unter uns, und wir sahen seine
Herrlichkeit, eine Herrlichkeit als des eingeborenen Sohnes vom Vater,
voller Gnade und Wahrheit.

Johannes 1,1-14

2.4. Gott erschafft die Welt

In der alttestamentlichen Wissenschaft ist nahezu unbestritten, dass die biblischen Schöpfungsberichte aus der Genesis frühestens erst in der Königszeit oder der *„erste Schöpfungsbericht“* (1.Mose1,1-2,4a) erst im babylonischen Exil verfasst worden ist. Das erste, was Israel von seinem Gott zu sagen wusste, war, dass er der befreiende Gott ist, der sein Volk aus Ägypten befreit und in das Land der Verheißung geführt hat. Erst in der Auseinandersetzung mit den Kosmologien des Zweistromlandes, mit der babylonischen Astronomie und Astrologie kommt Israel zu eigenen Schöpfungsaussagen, die vieles von den heidnischen Entwürfen übernehmen, sich aber doch genau so charakteristisch von ihnen unterscheiden. Dabei wird man davon ausgehen dürfen, dass das Weltbild, von dem der biblische Schöpfungsbericht ausgeht, dem wissenschaftlichen Stand der babylonischen Kosmologen und Sterndeuter im 6. Jahrhundert v. Chr. entsprochen hat.

Die erste Schöpfungsbericht [1.Mose 1,1-2,4a] geht davon aus, dass der Gott Israels die Welt aus dem Nichts schafft. Auch der Stoff, aus dem die Welt wird, kommt aus der Hand des Schöpfers. In der babylonischen Welt sieht man in der Schöpfung das Ergebnis eines Götterkrieges, in dem Marduk, der babylonische Schöpfergott die Schlange Tiamat besiegt und aus ihren beiden Hälften Himmel und Erde formt. Auch sind für den biblischen Schöpfungsbericht die Gestirne nichts als aufgehängte Lampen am Himmelsgewölbe, aber keinesfalls Götter, die durch ihre Konstellationen das Schicksal der Menschen bestimmen.

Der erste der biblischen Schöpfungsberichte hat einen deutlich nüchternen Akzent. Die Welt ist Gottes Schöpfung, aber an ihr selbst ist nichts Göttliches. Auch dem Material haftet nichts Göttliches an. Der Mensch ist geschaffen als Frau und als Mann, um diese Schöpfung zu bebauen und zu bewahren. Und die Krone der Schöpfung ist nicht eigentlich der Mensch, sondern der Sabbath, an dem Gott ruht, und an dem auch der Mensch ruhen darf. Mit der Schöpfung sind auch die unterschiedlichen Zeiten geschaffen. Der Tag und die Woche bekommen ihren Rhythmus. Und in dieser Reihe der Tage ist es der 7. Tag, der Sabbattag, der den Alltag regelmäßig und verlässlich heilsam unterbricht.

Immer wieder hat man darauf hingewiesen, dass diese Nüchternheit der biblischen Schöpfungstradition mit dafür verantwortlich ist, dass die westliche Welt sich besonders seit dem 16. Jahrhundert n. Chr. die Natur *„untertan"* gemacht hat, um sie bis über die Grenzen des Erträglichen hinaus auszubeuten. Umwelt- und Klimaschutz waren zu biblischen Zeiten ebenso wenig ein Thema wie die schwierigen Fragen der Gentechnologie und der modernen Medizin. Richtig ist, dass der jüdisch-christliche Glaube zur Entzauberung und zur Entgötterung der Welt beigetragen hat und also sicherlich auch eine Voraussetzung der modernen Welt ist. Genauso richtig ist aber auch, dass dem Menschen nirgendwo in der Bibel die uneingeschränkte Gewalt über die Schöpfung übertragen wird. Vielmehr erkennt der Mensch angesichts der Größe und Herrlichkeit Gottes seine eigenen Grenzen.

Für den Menschen, der Gott lobt, wird die Schöpfung zum Bilderbuch der Werke Gottes, so dass er sich auch selber wiederfinden kann als Geschöpf. Er muss den Schöpfer nicht imitieren, was er auch überhaupt nicht kann, und woran er immer scheitern wird, wenn er es versucht..

> Martin Luther nennt den Teufel einen „Gottsaffen"[13] – er versucht, Gott nachzuäffen, aber er kann es letzten Endes nicht: er maßt sich Macht an, die ihm nicht zusteht. Er verspricht Glück und Gesundheit – aber er kann sein Versprechen nicht halten.

Man hat der biblischen Schöpfungstheologie vorgeworfen, dass sie mit ihrer Entzauberung der Welt, diese der Ausbeutung durch den Menschen preisgegeben habe. Dieser Vorwurf ist insofern zutreffend , als die biblische Schöpfungstheologie fundamental zwischen dem Schöpfer und der Schöpfung unterscheidet. Die Welt ist die Schöpfung Gottes, aber sie hat keine eigenen göttlichen Qualitäten. Und weil Schöpfer und Geschöpf nach biblischer Auffassung streng voneinander unterschieden ist, wird die Welt zum Gestaltungsraum des Menschen. Dennoch ist die Schöpfung nicht einfach Material, das zu verbrauchen und verarbeiten wäre. In der priesterschriftlichen Schöpfungserzählung wird deutlich, dass der sachgemäße Umgang mit der Schöpfung bedeutet, sie zu bebauen und zu bewahren. Dazu gehört, auch das außermenschliche Leben zu achten und zu fördern, und ebenfalls gehört dazu, die Güter der Welt angemessen zu verteilen. Ein

---

13. Martin Luther, WA 50, S.647.

Ausbeutungsverhältnis zwischen dem Menschen als Gestalter der Schöpfung und der Schöpfung selbst entsteht jedoch in dem Moment, indem die Welt nicht mehr als Schöpfung Gottes sondern als *„Natur“* verstanden wird. Damit wird sie zum Objekt, den herrschenden menschlichen Interessen völlig ausgeliefert.

Ansätze einer ökologischen Schöpfungstheologie führen hier eine andere Terminologie ein, die die uns umgebende lebendige Schöpfung als *„Mitgeschöpf“* des Menschen beschreibt. Das weist die zerstörerischen Tendenzen in die Schranken.

Text:

Albert Schweitzer hat als Grundsatz seiner interkulturellen Ethik formuliert:

„Ich bin Leben, das Leben will inmitten von Leben, das Leben will.“ Längst bevor die ökologische Debatte Europa erreichte und das Denken von Menschen zu bestimmen begann, hat Albert Schweitzer diesen bis heute unüberbotenen ethischen Ansatz formuliert und durch sein eigenes Beispiel auch vorgelebt. Man erzählt sich, dass ein Besucher zu Albert Schweitzer nach Lambarene kam. Als er mit Schweitzer sprach, fühlte er sich von einer Fliege belästigt und schlug nach ihr. Schweitzer wies ihn zurecht: „Das ist meine Fliege, die darfst du nicht töten!“[14]

14. Albert Schweitzer, Kultur und Ethik, Kulturphilosophie zweiter Teil, München 1923, S.239.

Exkurs 4: Schöpfung oder Urknall – Glaube oder Evolution?

Der neuzeitliche Atheismus entzündete sich zu einem nicht geringen Teil an den biblischen Erzählungen von der Schöpfung der Welt und vom Beginn des Lebens. In Zeiten modernen naturwissenschaftlichen Denkens erschien diese naive Weltsicht überholt. Während naturwissenschaftlicher Skeptizismus die biblischen Erzählungen in den Bereich von Mythos und Legende verwies, meinten bibeltreue Menschen um jeden Preis an dem Wortlaut der Schrift festhalten zu müssen. So entwickelte sich ein absurder Gegensatz zwischen naturwissenschaftlicher Entzauberung der Welt und einem scheinbar wissenschaftlichen Beharren auf der Richtigkeit der biblischen Angaben.

Eine detaillierte Debatte kann hier nicht wiedergegeben werden. Einige Hinweise mögen das unübersichtliche Terrain sondieren:

- vermutlich stammt die erste, die sog. Priesterschriftliche Schöpfungserzählung aus der Zeit des babylonischen Exils [589-539 v.Chr.]. Die israelitische Oberschicht wurde in Babylon mit den wissenschaftlichen und kosmologischen Erkenntnissen babylonischer Wissenschaftler konfrontiert. Man konnte und man wollte sich den bahnbrechenden Erkenntnissen nicht verschließen. Andererseits konnte Israel nicht die Theologie übernehmen, die in Babylon mit der Formulierung des Weltbildes verbunden wurde. Es war nicht der Gott Marduk, der die Welt erschaffen hatte, als er die Schlange Tiamat tötete und aus ihren Hälften Himmel und Erde bildete. Es war der Gott Israels, der Himmel und Erde erschaffen hatte. Die Sterne des Himmelsgewölbes waren keine Götter, es waren vielmehr *„Lampen“*, die er aufgehängt hatte und keine Götter, die vom Himmelsgewölbe die Menschen und ihre Schicksale beobachteten und bestimmten.[15] Weltbilder ändern sich schnell. Für Israel ist nicht das jeweilige Weltbild entscheidend, sondern entscheidend ist, dass die Welt mit allem, was lebt und was nicht lebt, die Schöpfung des Gottes ist, der Israel us der ägyptischen Gefangenschaft geführt hatte.

15. Diese babylonischen Mythen finden sich in dem babylonischen Epos *„enuma elis“*. (ca. 700 v.Chr.). Vgl. Walter Beyerlin (Hg.) Religionsgeschichtliches Textbuch zum Altren Testament, Göttingen 1975, S.107.

- Israel formuliert seinen Schöpfungsglauben im Zusammenhang mit dem altorientalischen Weltbild des Gartens [2. Mose 2,4bff.] und es formuliert seinen Schöpfungsglauben in den Kategorien des damals „modernen" Weltbildes [1. Mose 1,1-2,4a]. Vor allem aber formuliert Israel seinen Schöpfungsglauben in den gottesdienstlichen Liedern, in den Psalmen [Psalm 19, 104, 115, 135, 136, 146, 147]

- Die biblische Schöpfungstheologie hat den Raum für die naturwissenschaftliche Erforschung eröffnet, in dem sie die Welt *„entzaubert"* hat. Nicht die Welt ist göttlich. Gott allein ist es. Die Welt ist das Werk seiner Hände, dem menschlichen Forschen und Erkennen freigegeben. Gott ist nach dem Verständnis des Alten Testaments nicht in der Welt, er steht der Welt als Schöpfer und Herr gegenüber.

- Naturwissenschaft kann aufgrund ihrer Methoden erschließen, wie die Dinge der Welt und des Lebens zusammenhängen. Sie kann aus ihren Erkenntnissen plausible Theorien darüber aufstellen, wie es zur Entwicklung der Welt und des Lebens gekommen ist. Naturwissenschaft hat über ihre Methoden Auskunft zu geben. Ihre Erkenntniswege müssen den Prinzipien allgemeiner Wissenschaft genügen. Naturwissenschaftliche Erkenntnis kann aber nicht die Frage beantworten, wer die Welt und das Leben geordnet hat. Sie kann auch nicht sagen, welches Ziel das Werden und Vergehen der Welt und des Lebens auf der Welt hat. Wenn naturwissenschaftliche Forschung versucht, auf diese Fragen Antwort zu geben, dann begibt sie sich in einen Raum außerhalb ihrer wissenschaftlichen Methoden und Erkenntnisse. Es ist die Aufgabe der jüdischen und der christlichen Theologie, darauf hinzuweisen, dass die Naturwissenschaft für die Fragen nach dem Ursprung und dem Sinn des Seins und der Welt ausdrücklich nicht zuständig ist.

- Ebenso ist die Naturwissenschaft überfordert, wenn es um die Verantwortung für den sachgerechten Umgang mit den von ihnen entwickelten Erkenntnissen ist. Die Naturwissenschaft ist ethisch *„blind"*. Wenn sie das nicht zugibt, dann überschreitet sie ebenfalls die Grenzen ihrer Wissenschaft und damit auch die Grenzen ihrer Zuständigkeit. Wenn sich Naturwissenschaftlerinnen und Naturwissenschaftler öffentlich ethisch äußern, was sehr zu begrüßen ist, dann begeben sie sich aus dem Raum der exakten Wissenschaft hinaus in ein Feld, auf dem sie mit anderen Weltanschauungen, ethischen Entwürfen und religiösen Gewissheiten gleichberechtigt konkurrieren.

- Der Glaube, der sich auf die jüdisch-christliche Tradition bezieht hat die Aufgabe, der Naturwissenschaft den ihr nötigen Freiraum der Forschung freizuhalten. Und er hat die Aufgabe, die Naturwissenschaft an die Grenze zu erinnern, die ihr gesetzt ist: Man darf nicht alles tun, was man tun könnte. Das Geheimnis des Lebens darf nicht in die Hände derer geraten, die in den wissenschaftlichen Erkenntnissen nur Möglichkeiten zu ihrer Verwertung sieht, und die vornehmlich ökonomischen Interessen verfolgen.

- Um mit der gegenwärtigen Naturwissenschaft in einen Dialog zu treten, bedarf es Christen, die sich sachkundig gemacht haben. Nur wer in der Lage ist, zu verstehen, wird in der Lage sein, mit seinen Anliegen auch Gehör zu finden. Die Zeit ist vergangen, in denen die kirchliche Autorität der naturwissenschaftlichen Forschung zu sagen vermochte, was sie erkennen darf und was nicht.

- Der christliche Glaube hat den modernen Wissenschaften auch das Feld geöffnet. Er hat keine Angst vor ihren Forschungsergebnissen.

2.5. Gott erwählt

Gott handelt in der Geschichte. Er handelt, indem er Israel erwählt, sein Volk in der Welt der Völker zu sein. Gott sucht sich Menschen. Abraham ist der erste in dieser Reihe. Er hört Gottes Stimme und bricht auf: aus seinem Vaterland zwischen den beiden Strömen Euphrat und Tigris in eine unbekannte Zukunft. Abraham ist kein moralisches Vorbild, kein strahlender Held, der durch seine Unerschrockenheit auch seine Erwählung im Nachhinein rechtfertigte. Er ist menschlich fragwürdig. Seine Frau gibt er als seine Schwester aus, als es gefährlich wird. Obwohl ihm Nachkommen verheißen sind, bleibt er zunächst kinderlos und sucht die Zukunft seiner Familie in der Verbindung mit der Sklavin Hagar. Erwählung Gottes bedeutet nicht moralische Vollkommenheit: Jakob ist so wenig vollkommen wie König David. Menschliche Qualitäten entscheiden nicht über das Urteil Gottes.

> Besonders problematisch ist, wie der Erzvater Jakob sich den Segen seines Vaters Isaak ergaunert. Er täuscht den Vater, indem er den Eindruck erweckt, dass er Esau ist, der Lieblingssohn des sterbenden Vaters.

Gottes Erwählen ist menschlich nicht begründbar. Warum ist Jakob, der Betrüger von Gott erwählt und nicht Esau, dem nach der Ordnung des Nomadenstammes der väterliche Segen zustand? Warum ist Israel erwählt und nicht andere Völker, die gewichtige Beiträge zur Kultur der Welt geleistet haben? Warum ist David erwählt, obwohl er als Bandenchef gegen das eigne Land Krieg führte, obwohl er die Frau eines anderen wollte und den rechtmäßigen Ehemann der Bathseba ermorden ließ?

> Die Bibel selbst gibt keine Antwort auf diese Frage. Deutlich ist jedenfalls, dass Gottes Erwählen nicht von menschlichen Qualitäten und Leistungen abhängt. David ist der jüngste und kleinste von den Söhnen seines Vaters. Und Jesus ist der verachtete, den man vor den Toren der Stadt Jerusalem zum schweigen und ums Leben bringen wollte.

Die Antworten, die die Theologie im Laufe der Jahrhunderte auf die Frage nach Gottes Erwählen gegeben hat, sind vielfältig und kompliziert. Liegt dem Erwählen Gottes eine vor aller Zeit getroffene Entscheidung Gottes *[decretum absolutum]* zugrunde – ist es so, dass vor Anfang der Welt eine bestimmte Zahl von Menschen für das Heil bestimmt ist und eine bestimmte Anzahl für die Verdammnis? Oder ist

Gottes Erwählen die Antwort auf den Sündenfall, so dass Gott auf die Schuld des Menschen reagiert, indem er exemplarisch in der gestörten Welt Heil schafft und seine Heilsgeschichte beginnt? Beide Antworten bleiben unbefriedigend, weil sie versuchen, hinter dem Handeln Gottes die Gründe für sein Handeln gleichsam von außen festzulegen.

Der Theologe Karl Barth hat darauf aufmerksam gemacht, dass christliche Theologie dem Handeln Gottes nur nach-denkend folgen kann. Und also wird man den Grund der Erwählung Gottes nicht in einem unerkennbaren göttlichen Ratschluss suchen, sondern dort, wo Gott sich selbst zeigt, wo er selber der erwählte und der verworfene ist. In der Geschichte Jesu wird erkennbar, dass Gott sich selbst zum Heil der Menschen erwählt und die Verworfenheit der Menschen auf sich selber zieht und ans Kreuz trägt. So ist die Erwählungslehre kein Versuch, hinter die Geheimnisse Gottes zu sehen, warum die einen das Evangelium hören und annehmen, die anderen aber nicht, sondern sie ist der theologische Versuch, das Kreuz Jesu in seiner ganzen, auch Gott selbst betreffenden Tiefe zu verstehen.[16]

Die Heilsgewissheit ruht darauf, dass Gott sich seit Ewigkeit für mich erwählt und verworfen hat, dass sein Wort Bestand behält, auch wenn ich selber diesen Grund verlasse, wenn ich mir selber rätselhaft und fraglich werde. In der reformierten Tradition ist die erste Frage des Heidelberger Katechismus ein Zeugnis dieser Heilsgewissheit, die sich in Gottes Erwählung geborgen weiß.

Texte:

> Denn du bist ein heiliges Volk dem HERRN, deinem Gott. Dich hat der HERR, dein Gott, erwählt zum Volk des Eigentums aus allen Völkern, die auf Erden sind. 7 Nicht hat euch der HERR angenommen und euch erwählt, weil ihr größer wäret als alle Völker - denn du bist das kleinste unter allen Völkern -, 8 sondern weil er euch geliebt hat und damit er seinen Eid hielte, den er euren Vätern geschworen hat.

16. Karl Barth, Gottes Erwählen

Darum hat er euch herausgeführt mit mächtiger Hand und hat dich erlöst von der Knechtschaft, aus der Hand des Pharao, des Königs von Ägypten. 9 So sollst du nun wissen, dass der HERR, dein Gott, allein Gott ist, der treue Gott, der den Bund und die Barmherzigkeit bis ins tausendste Glied hält denen, die ihn lieben und seine Gebote halten, 10 und vergilt ins Angesicht denen, die ihn hassen, und bringt sie um und säumt nicht, zu vergelten ins Angesicht denen, die ihn hassen. 11 So halte nun die Gebote und Gesetze und Rechte, die ich dir heute gebiete, dass du danach tust.

5. Mose 7,7.

„Denn der HERR hat sich Jakob erwählt, Israel zu seinem Eigentum."

Ps 135, 4

„Nicht ihr habt mich erwählt, sondern ich habe euch erwählt und bestimmt, dass ihr hingeht und Frucht bringt und eure Frucht bleibt, damit, wenn ihr den Vater bittet in meinem Namen, er's euch gebe."

Joh. 15, 16

Röm. 9-11

„Gott hat sein Volk nicht verstoßen, das er zuvor erwählt hat. Oder wißt ihr nicht, was die Schrift sagt von Elia, wie er vor Gott tritt gegen Israel und spricht"

Römer 11,12

„Sondern was töricht ist vor der Welt, das hat Gott erwählt, damit er die Weisen zuschanden mache; und was schwach ist vor der Welt, das hat Gott erwählt, damit er zuschanden mache, was stark ist;"

1. Kor 1,27

„Gelobt sei Gott, der Vater unseres Herrn Jesus Christus, der uns
gesegnet hat mit allem geistlichen Segen im Himmel durch Christus. 4
Denn in ihm hat er uns erwählt, ehe der Welt Grund gelegt war, dass
wir heilig und untadelig vor ihm sein sollten; in seiner Liebe
5 hat er uns dazu vorherbestimmt, seine Kinder zu sein durch Jesus
Christus nach dem Wohlgefallen seines Willens, 6 zum Lob seiner
herrlichen Gnade, mit der er uns begnadet hat in dem Geliebten. 7 In
ihm haben wir die Erlösung durch sein Blut, die Vergebung der
Sünden, nach dem Reichtum seiner Gnade, 8 die er uns reichlich hat
widerfahren lassen in aller Weisheit und Klugheit. 9 Denn Gott hat uns
wissen lassen das Geheimnis seines Willens nach seinem Ratschluß,
den er zuvor in Christus gefaßt hatte,

Eph 1, 3-9

2.6. Der dreieinige Gott

In der Bibel Alten und Neuen Testaments gibt es keine ausgeführte Lehre von Gottes Wesen. Die biblischen Autoren interessieren sich vor allem für das, was er tut, nicht so sehr für das Geheimnis seines Wesens.

Immer wieder bezeugt vor allem das Johannesevangelium die Nähe Jesu zu Gott und auch die Nähe Jesu und Gottes zum Heiligen Geist, dass theologisches Nachdenken, das versucht, die verschiedenen biblischen Aussagen zusammenzufassen, zu einer Trinitätslehre kommt. Im sogenannten *„Tauf- oder Missionsbefehl"* ist eine Vorstufe der Trinitätslehre erkennbar:

> „Und Jesus trat herzu und sprach zu ihnen: Mir ist gegeben alle Gewalt im Himmel und auf Erden. Darum gehet hin und machet zu Jüngern alle Völker: Taufet sie auf den Namen des Vaters und des Sohnes und des heiligen Geistes und lehret sie halten alles, was ich euch befohlen habe. Und siehe, ich bin bei euch alle Tage bis an der Welt Ende."
>
> [Mt 28,18-20]

Bereits im 2. nachchristlichen Jahrhundert ist die christliche Trinitätslehre in ihren Grundzügen formuliert und seither in den großen theologischen Traditionen des Ostens und des Westens als fundamentale Glaubensregel in Geltung.

Die Lehre von Gottes Dreieinigkeit besagt, dass Gott einer ist. Es geht nicht darum, wie vor allem die muslimischen Anfragen immer wieder behaupten, dass Gott sich in drei verschiedene Götter aufspaltet. Gott ist einer. Als solcher ist er der Vater Jesu Christi. Und als solcher ist Jesus Christus das Abbild der Herrlichkeit Gottes. Als solcher wird Gott Mensch, und der Mensch Jesus bleibt dem Vater gehorsam bis zum Tode am Kreuz. Gott geht in die Fremde des Leidens, um das Leben der Menschen zu teilen, um sich mit ihnen zu identifizieren. Aber Gott geht im Leiden nicht auf. Am Ostermorgen erweckt Gott den toten Jesus von den Toten. Und dort, wo es zum Glauben kommt, da wirkt der Geist, der vom Vater und vom Sohn ausgeht. Wo Gemeinde wächst, wo Gott gelobt und wo Menschen geholfen wird, da weht der lebendig machende Geist Gottes.

Gott ist einer. Niemand soll versuchen, einen Keil zwischen Gott und Jesus zu treiben und sagen: Gott ist noch einmal ein ganz anderer als der, der uns in Jesus Christus begegnet, ein Gott hinter Gott, der vielleicht ganz anders ist, ein rächender Gott. Die Lehre von Gottes Dreieinigkeit versucht, dieser Aufspaltung Gottes zu wehren auch wenn sie selbst nur schwer nachzuvollziehen ist. In älteren Dogmatiken wird versucht, die Dreieinigkeitslehre plausibel zu machen, indem man auf Beispiele in der Natur verweist: ein dreiblättriges Kleeblatt ist nur ein Kleeblatt, auch wenn es drei Blätter hat. Ein Fluss bleibt ein Fluss, auch wenn er ganz unterschiedlich ist in Quelle, Verlauf und Mündung. Solche Versuche, schwierige Aussagen einleuchtend zu machen, helfen in einer aufgeklärten Welt wenig, die Gott selbst nicht mehr zur Voraussetzung aller Dinge und allen Seins ansieht. Die Aufklärung hat die Erde auf sich selbst gestellt. Ob es Spuren Gottes gibt oder nicht, ist ihr nicht wichtig. Sie streitet im Namen der Vernunft gegen das in ihren Augen irrationale Dogma der Kirche.

Die christlichen Kirchen haben trotz dem Wandel der Weltanschauungen an der Lehre von Gottes Dreieinigkeit festgehalten. Aufgabe der christlichen Theologie ist: zuerst erkennen worin diese Lehre besteht, und was sie theologisch leistet, bevor man sie in Bausch und Bogen auf den Müllhaufen der Theologiegeschichte wirft.

Die Lehre von Gottes Dreieinigkeit will sagen: Gott ist einer und er bleibt von Ewigkeit her ein und derselbe. Aber Gott ist in sich nicht einsam. Gott erschafft die Welt nicht, weil er sonst keine Beschäftigung hätte. Gott ist in sich vielfältig. Gott ist in sich Gemeinschaft. Gott ist in sich Liebe, Beziehung. Er ist in sich Vater, Sohn und Geist. Sein Messias, sein Christus ist bei ihm vor der Schöpfung der Welt. Und weil Gott in seiner Dreifaltigkeit einer ist, darum kann er unterschiedlich handeln, sich ganz und gar auf das Leben seiner Geschöpfe einlassen, ohne sich selbst dabei untreu zu werden, oder sich selbst zu verlieren. Gott ist nicht außer Gott. Ich muss nicht befürchten, dass ich jenseits des Gottes, der sich für mich entschieden hat, noch einen anderen Gott fürchten muss, dessen Rache ich auf Gedeih und Verderb ausgeliefert bin.

Obwohl man in der klassischen Dogmatik zu Recht gesagt hat: Die Werke der Trinität nach außen sind unteilbar *[opera trinitatis ad extra sunt indivisa]* hat es sich eingebürgert, die verschiedenen Werke Gottes den verschiedenen Personen der Trinität zuzuordnen. So ist die Schöpfung und Erhaltung Gott dem Vater zugeordnet, die Erlösung dem Sohn und der Glaube und das Leben im Glauben und vor allem die Kirche dem Heiligen Geist. In dieser Weise formuliert es auch das apostolische und das nicaenische Glaubensbekenntnis. Dieser Anordnung folgen auch die Katechismen der Reformationszeit.

Menschliches Reden von Gott bleibt fragmentarisch und ist immer nur der Versuch, dem nachzudenken, was Gott über sich selber und von sich selber gezeigt hat. Insofern steht auch die altkirchliche Lehre von der Dreieinigkeit Gottes in der Gefahr, eine Ideologie, ein Bild von Gott zu werden, das ihm selber auf die Spur kommen will, aber die ihm gerade darin nicht entspricht. Die Trinitätslehre kann hilfreich sein, Gott und sein Handeln an uns wenn nicht verständlich, so doch nachvollziehbar zu machen. Wenn und insofern sie das tut, ist die Trinitätslehre gut. Eine bessere und angemessene Art, die Einheit und Unterschiedlichkeit Gottes zusammenzudenken hat die Christenheit bislang nicht gefunden.

Seit der Alten Kirche wird der Besuch der drei Männer bei Abraham im Hain Mamre [1.Mose18, 1-15] als Hinweis auf die Trinität Gottes schon in der Vätergeschichte des Alten Testaments gedeutet. In der orthodoxen Kirche genießt die Ikone, die diesen Besuch darstellt, hohe Verehrung.

Texte:

Zu der Zeit fing Jesus an und sprach: Ich preise dich, Vater, Herr des Himmels und der Erde, weil du dies den Weisen und Klugen verborgen hast und hast es den Unmündigen offenbart. 26 Ja, Vater; denn so hat es dir wohlgefallen. 27 Alles ist mir übergeben von meinem Vater; und niemand kennt den Sohn als nur der Vater; und niemand kennt den Vater als nur der Sohn und wem es der Sohn offenbaren will. 28 Kommt her zu mir, alle, die ihr mühselig und

beladen seid; ich will euch erquicken. 29 Nehmt auf euch mein Joch
und lernt von mir; denn ich bin sanftmütig und von Herzen demütig; so
werdet ihr Ruhe finden für eure Seelen. 30 Denn mein Joch ist sanft,
und meine Last ist leicht.

Matth 11, 25-30

Wer ist es aber, der die Welt überwindet, wenn nicht der, der glaubt,
dass Jesus Gottes Sohn ist? Gottes Zeugnis von seinem Sohn 6
Dieser ist's, der gekommen ist durch Wasser und Blut, Jesus Christus;
nicht im Wasser allein, sondern im Wasser und im Blut; und der Geist
ist's, der das bezeugt, denn der Geist ist die Wahrheit. 7 Denn drei
sind, die das bezeugen: 8 der Geist und das Wasser und das Blut;
und die drei stimmen überein. 9 Wenn wir der Menschen Zeugnis
annehmen, so ist Gottes Zeugnis doch größer; denn das ist Gottes
Zeugnis, dass er Zeugnis gegeben hat von seinem Sohn. 10 Wer an
den Sohn Gottes glaubt, der hat dieses Zeugnis in sich. Wer Gott nicht
glaubt, der macht ihn zum Lügner; denn er glaubt nicht dem Zeugnis,
das Gott gegeben hat von seinem Sohn.

1. Joh 5,6-9

Exkurs 5: Atheismus

Atheismus ist die theoretische Erkenntnis, und Behauptung, dass kein Gott ist. In der Praxis bedeutet Atheismus ein Leben ohne religiöse Bezüge und eine Meisterung des Lebens ohne eine Sinngebung, die von außen kommen soll und somit die Freiheit des Menschen einschränkt.

Schon in der Antike gab es Ansätze zu theoretischem Atheismus. Sie konnten sich aber in der religiösen Atmosphäre des Hellenismus nicht durchsetzen. Der Staat Alexanders des Großen und dann der Römische Staat waren darauf aus, ihre universalen Machtansprüche religiös abzusichern. Auch wenn der Tradition der verschiedenen Völker bei ihrer Religionsausübung einiger Spielraum gelassen wurde, die Welt wurde geeint im Kaiserkult.

Als das Christentum Roms Staatsreligion wurde, galt die religiöse Verehrung nicht mehr dem Kaiser – allerdings wurden die Strukturen des Staatskultes übernommen und es wurde die römische Kirche, die die Einheit des Römischen Reiches mit dem nun christlichen Imperator an der Spitze religiös garantierte. Lange hat es gebraucht, bis Kirche und Staat, Kaiser und Papst die Reichweite ihrer Macht auf die jeweils andere Institution austariert hatten.

Auch als die Römische Kirche in der Zeit der Reformation auseinanderbrach, war dies wohl eine tiefe Krise der Kirche, nicht aber eine Krise des Glaubens an den dreieinigen Gott den Schöpfer, den Versöhner und Vollender der Welt. Es war aber keine Krise, die den Glauben an den dreieinigen Gott selbst in Frage gestellt oder gar geleugnet hätte.

Erst als sich im Gefolge des dreißigjährigen Krieges das philosophische und auch das naturwissenschaftliche Denken immer mehr von doktrinärer Bevormundung durch die Kirchen emanzipierte, wurde der Gedanke an eine Welt ohne Gott möglich. Verschiedene Aspekte des theoretischen wie des praktischen Atheismus wollen bedacht sein.

- In den Naturwissenschaften bildet sich ein methodischer Atheismus aus. Naturwissenschaftler betrachten die Welt *etsi deus non daretur* – als ob es

Gott nicht gäbe. Auf diese Weise gelingt es, alle möglichen geheimen Künsten und Verfahrensweisen [z.B. Alchemie, Magie, Hexerei] als vorwissenschaftlich und abergläubisch zu entlarven. Die Entzauberung der Welt gibt den Blick frei für die Mechanismen der Naturgesetze, die Zusammenhänge von Makro- und Mikrokosmos.

> Die Verbannung des Aberglaubens aus der Wissenschaft ist schon beim ersten der klassischen Aufklärer Renatus Cartesius [Rene Descartes] Programm. Es ist eine Folge dieses Neuen Denkens, dass vor allem in der Zeit nach dem dreißigjährigen Krieg überall in Deutschland „Hexen" verbrannt werden, um sich von diesen untergründigen und nicht nachprüfbaren Mächten zu befreien. Die Hexenverfolgungen sind also weitgehend nicht Erscheinungen des *„finsteren Mittelalters"* – sie sind weit mehr die ersten Exzesse der anbrechenden Neuzeit.

- Mit Immanuel Kants *„Kritik der reinen Vernunft"* ist die Unhaltbarkeit der antiken und mittelalterlichen Gottesbeweise erwiesen. Eine Welt, die sich selbst ohne Gott zu denken versucht, wird auch keine Plausibilitäten mehr anerkennen, die von dem ausgehen, was sie eigentlich zu beweisen suchen. Gott konnte nur derjenige *„beweisen"*, der mit seinem Beweis von der Existenz Gottes bereits ausging.

- In der Schule des Philosophen Georg Friedrich Wilhelm Hegel entwickelt Ludwig Feuerbach seinen *„wissenschaftlichen"* Atheismus. Für ihn ist Gott eine Projektion menschlicher Wünsche und Sehnsüchte auf ein imaginäres Wesen. Der Mensch erschafft sich Gott nach seinem Bilde, weil er mit sich selbst uneins ist, weil er sich vom Himmel erwartet, was ihm die Erde nicht bieten kann. Kommt der Mensch mit sich selbst ins Reine, dann wird er auch Gott nicht mehr brauchen. Er ist dann ganz bei sich selbst.

- Feuerbachs Religionskritik wird für Karl Marx zu einem wichtigen Grundstein seines Systems. Religion entsteht – so Marx – dort, wo der Mensch seiner Arbeit entfremdet ist, wo die Arbeitskraft ausgebeutet wird und er gar nicht die Chance hat, sich seinen Fähigkeiten und Bedürfnissen gemäß zu entwickeln. Wenn aber die Macht des Kapitals gebrochen wird, wenn die Gesellschaft

„vom Kopf auf die Füße gestellt“ und das Privateigentum an den Produktionsmitteln abgeschafft wird, dann wird - nach Marx - die Religion von selbst absterben, weil die ökonomischen Ursachen der Religion hinfällig geworden sind.

- Anders ist es in der psychoanalytischen Theorie Sigmund Freuds. Für ihn ist Gott eine Erfindung des Über-Ichs. Weil der Mensch durch seine seelischen Wunden, die man ihm im Laufe seines Lebens zugefügt hat, nicht in der Lage ist, frei und erwachsen über sich selbst zu bestimmen, schafft er sich eine überirdische Kontrollinstanz, die das Chaos der Triebe bändigt. Kommt der Mensch aber durch die Psychoanalyse zu sich selbst, dann werden die Verhältnisse zwischen dem triebhaften ES, dem kontrollierenden ÜBER-ICH und dem ICH so geordnet, dass das ICH, also der sich seiner selbst bewusste Mensch auch allein die Regie über sein Leben führen kann.

- Für Friedrich Nietzsche ist die christliche Religion ein menschliches Armutszeugnis. Die Mitleidsreligion lässt die wirklichen Kräfte des Menschen ersterben. Wenn die Schwäche zur eigentlichen Stärke erklärt wird, ist die menschliche Kultur in ihr Gegenteil verkehrt. Nietzsche hofft auf den Über-Menschen, der das weinerliche und schwächliche religiöse Wesen hinter sich lässt.

Vor allem im 19. Jahrhundert wurde der theoretische Atheismus – wie er uns bis heute begegnet – in verschiedenen Denkzusammenhängen formuliert. Gemeinsam ist diesen Entwürfen, dass sie einem Entwicklungsmodell folgen, das die Menschen aus der Finsternis der Religion zum klaren Licht des Atheismus führen wird. Der Fortschrittsgedanke ist diesen Systemen eigen. Außerdem gehen die Philosophen des Atheismus davon aus, dass der Mensch durchaus dazu in der Lage ist, sich seine eigene Freiheit zu bauen und zu erkämpfen. Mit der Religion fällt auch das Dogma von der Erbsünde. Solange die Störungen im Menschen entweder im Bewusstsein, oder in der ökonomischen Basis seiner Lebensbedingungen, oder auch in seiner psychischen Konstitution erkennbar und auch zu beseitigen sind, ist alles zu bewerkstelligen.

Der nachdenkende christliche Glaube hat sich selbstredend mit diesen Entwürfen auseinanderzusetzen. Es reicht nicht, zu sagen, dass der theoretische Atheismus praktisch gescheitert ist: die Veränderung der ökonomischen Basis hat den Menschen nicht die ersehnte Freiheit gebracht. Die Psychoanalyse ist in weiten Teilen als ein Mythos entlarvt, die in vielen Fällen Heilung gerade nicht geben kann. Und letztlich ist der Gedanke des Über-Menschen in der Rasseideologie so grausam pervertiert worden, dass es für alle Generationen verboten sein muss, wieder einen solchen Traum vom *„Übermenschen"* zu träumen.

In der Auseinandersetzung mit dem theoretischen Atheismus wird der christliche Glaube immerhin zu bedenken geben:

- wenn es nach Immanuel Kant zutreffend ist, dass Gott nicht bewiesen werden kann, so wird man mit der gleichen Logik sagen, dass er auch mit den Mitteln der Vernunft nicht zu widerlegen ist.

- Glaubenserkenntnis ist Erkenntnis, die durch den Heiligen Geist kommt. Christen werden darauf achten, ob ihre Glaubenserkenntnis auch eine Entsprechung in ihrem Leben hat.

- Das Bild vom Menschen als eines prinzipiell guten und vernünftigen Wesens teilen wir mit guten Gründen nicht. Glaubenserkenntnis führt dazu, dass Menschen sich selbst im Licht der Liebe Gottes als begrenzt, fehlbar, verführbar erleben. Der *„gute Mensch"* ist eine gefährliche Illusion.

- Wenn der von Gott geschenkte Glaube sich seiner selbst gewiss ist und sich seiner selbst auch immer wieder gewiss wird, dann sind Christen tolerant. Sie wissen, dass Glaube nicht erzwingbar ist und sie werden so auch in jedem Fall für Glaubens- und Religionsfreiheit eintreten, solange die Würde des Menschen dabei gewahrt wird.

- Atheistischer Propaganda werden Christen gelassen begegnen.

3. Ich glaube an Jesus Christus

Der 2. Glaubensartikel ist formal und sachlich die Mitte des apostolischen und auch des *nicaeno-konstantinopolitanischen* Glaubensbekenntnisses. Er nimmt nicht nur den meisten Raum im Text dieses Bekenntnisses ein. Er ist die Mitte, von dem her das ganze Bekenntnis verstanden werden will.

> Der 2. Glaubensartikel trennt die Christenheit von der Judenheit und später auch vom Islam. In den Auseinandersetzungen der ersten Jahrhunderte ist das Bekenntnis zu Gott, dem Schöpfer und Erhalter der Welt in der christlichen Kirche, wie auch im Judentum und später auch im Islam unstrittig. Strittig ist, dass der Mensch Jesus von Nazareth der erwartete Messias Israels ist, der Heiland der Welt, der sich durch den Heiligen Geist eine Gemeinde aus Juden und Heiden schafft.

Der christliche Glaube ist darin christlicher Glaube, dass er es fundamental mit Jesus, dem Christus zu tun hat. Eine allgemeine Religiosität ist nicht allein schon christlicher Glaube. Auch eine Weltanschauung, die auf Zeichen und Symbole setzt, die bestimmte naturnahe Lebensweisen propagiert, ist nicht christlicher Glaube. Der christliche Glaube hängt an dem Bekenntnis zum Gott Israels, der sich im Leben, Sterben und Auferstehen Jesu gezeigt und eindeutig gemacht hat.

> Damit ist nichts gegen respektable Lebensweisen gesagt. Es gibt außerhalb der Kirchen und Gemeinden viele bemerkenswerte Erkenntnisse und Erscheinungen, die für Christenmenschen einfach nur vorbildhaft sein können. Manchmal erscheint es sogar, als würden Menschen, die in ganz anderen Weltanschauungen und Religionen beheimatet sind, mehr nach den Geboten Gottes und den Weisungen Jesu leben, als Christen dieses tun. So bleibt das Beispiel Mahatma Ghandis, der mit gewaltlosem Protest für die Freiheit Indiens und das Lebensrecht der Armen stritt, ein Vorbild auch für christliches Handeln. Allerdings war Ghandi kein Christ, und es wäre falsch, ihn als solchen zu vereinnahmen. Vielmehr wird man umgekehrt denken: Die Freundlichkeit Gottes ist so groß, dass sie weit über die Kirchenmauern hinausreicht. Auch dort, wo man es gar nicht vermutet, können uns Lichter in der Schöpfung und unter den Menschen aufgehen, die uns daran erinnern, dass Gott kein Privateigentum einer Religion ist – und sei es die christliche Religion. Christen können auch von Menschen anderer religiösen Beheimatung lernen, weil sie und sofern sie – das ist

allerdings die Bedingung – Gottes Handeln auch außerhalb ihrer Mauern erkennen können.[17]

Weil das Bekenntnis zu Jesus, dem Messias die Mitte des Christlichen Glaubens ist, darum erzählt das Glaubensbekenntnis seine Lebensgeschichte von Ewigkeit zu Ewigkeit.[18]

Im Text des apostolischen Glaubensbekenntnisses spiegeln sich die Auseinandersetzungen um die Trinitätslehre und die Christologie in den ersten Jahrhunderten der christlichen Kirche: Christus ist *„Wahrer Gott und wahrer Mensch"* – das bedeutet: er ist *empfangen vom Heiligen Geist, geboren von der Jungfrau Maria.*

Die *„Jungfrauengeburt"* ist der wohl heftigst angefochtene Glaubensartikel in der jüngeren Theologie- und Kirchengeschichte geworden. Immer wieder wurde darauf hingewiesen, dass eine Jungfrauengeburt eine gynäkologische Unmöglichkeit ist und darum der entsprechende Glaubensartikel aus dem Bekenntnis der Christen zu streichen sei. Genauso oft ist dem widersprochen worden mit dem Hinweis darauf, dass die *„Jungfrauengeburt"* Jesu ein Übersetzungsfehler aus der hebräischen Bibel in das griechische Alte Testament war, dass in Jesaja 7,14 nicht von einer *Jungfrau*, sondern lediglich von einer „jungen Frau" die Rede ist. Matthäus [Matthäus 1, 23] aber hat das griechische Alte Testament benutzt und darum die falsche Übersetzung in das Evangelium eingetragen, was dann zu dieser verhängnisvollen dogmatischen Fehlentwicklung geführt habe. Es ist auch darauf hingewiesen worden - vor allem mit Hinweis auf die sog. 4. Ekloge des römischen Schriftstellers Vergil - dass die *Jungfrauengeburt* in der hellenistischen Antike ein stehender Begriff für die Göttlichkeit eines Kaisers gewesen ist. Sollte Jesus also als *„Gott"* anerkannt werden, dann bedurfte es dazu der Tatsache, dass eine Jungfrau ihn zur Welt gebracht habe. Die Auseinandersetzung um die Jungfrauengeburt ist eine wenig hilfreiche Auseinandersetzung.

Deutlich ist jedenfalls, dass der Verweis auf die *Jungfrauengeburt* in der Antike eine Möglichkeit war, das Geheimnis Jesu auszudrücken, wie man ihn auch *„Sohn Gottes"* nennt. Das Geheimnis seines Lebens, Sterbens und Auferstehens wäre um nichts geringer, würde die

17. Vgl. die sog. „Lichterlehre" von Karl Barth im Band IV. der Kirchlichen Dogmatik, Teilband 3,1 § 69, *"Die Herrlichkeit des Mittlers"* , Zürich 1959.
18. Vgl. Philipper 2,5-11.

Christenheit den Glaubensartikel von der Jungfrauengeburt nicht im biologisch gynäkologischen Sinn interpretieren, sondern darauf hinweisen, dass das Geheimnis Jesu Christi nicht aus menschlicher Abstammung oder mit menschlichen Einflüssen erklärbar und damit seine Herkunft von Gott her auszuschließen ist.

Auch die anderen *„biographischen Notizen“* des Glaubensbekenntnis deuten auf das Geheimnis der beiden Naturen Christi hin: *gelitten, gestorben, begraben* in einer bestimmten Zeit: als Pontius Pilatus römischer Prokurator in der Provinz Syrien war. Also: das Leben Jesu war kein *Geisterleben*, kein nur *„symbolisches Leben“,* sondern Jesu Leben war ein Leben in der Welt, in der Geschichte der Menschen. Dieses Leben wurde bekämpft, angeprangert, ausgelöscht so, dass kein Mensch seinen Namen je wieder erinnern sollte. Das war die Absicht des Pontius Pilatus. Aber: *Gott hat ihn von den Toten auferweckt*. Die Macht, die alles Leben erstickt, hat über ihn nicht triumphiert. Der Tod Jesu ist der Anfang vom Tod des Todes. Sein Leben ist der Beginn des Neuen Lebens, das vom Himmel auf die Erde gekommen ist, das sich am Ende durchsetzen wird gegen alle Mächte. Seine Herrschaft wird reichen über Lebende und Tote. Vor seinem Gericht wird ans Tageslicht kommen, was bislang vertuscht werden konnte, oder was nur im Geheimen geschehen ist. Sein Leben – so sagt es das Glaubensbekenntnis – reicht von Ewigkeit zu Ewigkeit.

3.1. Jesus von Nazareth

Jesus von Nazareth ist eine historische Person. Wohl niemand zweifelt heute noch ernsthaft daran, dass er um die Zeitenwende in dem Land gelebt hat, das einmal zu den Königreichen von Juda und Israel gehört hat. Nach allem, was sich historisch verantwortet sagen lässt, ist Jesus der älteste Sohn einer Handwerkerfamilie aus Nazareth. Der Evangelist Lukas berichtet von seiner Geburt unter ärmlichen Umständen in Bethlehem nahe Jerusalem. Bislang konnte die Volkszählung, zu der Joseph mit seiner schwangeren Verlobten nach Bethlehem gereist war, historisch nicht ausreichend belegt werden. Auf jeden Fall lag der Lebensschwerpunkt der Familie des Joseph von Nazareth und seiner Ehefrau Maria in Nazareth, sonst wäre der Beiname *Jesus von Nazareth* nicht verständlich. Jesus wächst heran in einem jüdischen Elternhaus. Er wird jüdisch erzogen. Seine Umgebung ist geprägt von der Auseinandersetzung um das Verstehen der Gebote des Gottes Israels. Und Jesus von Nazareth wird sich als Erwachsener an dieser Auseinandersetzung beteiligen.

Mit 12 Jahren erhält er seine Bar Mizwa in Jerusalem. Mit etwa 30 Jahren [vgl. Lukas 3,23] bewegt er sich im Umkreis des Täufers Johannes und lässt sich von ihm im Jordan taufen. Man hat oft vermutet, dass Jesus zum engen Jüngerkreis des Täufers gehört hat. Das ist eher unwahrscheinlich. Johannes der Täufer war Asket. Er wirkt am Rand der Wüste. Jesus sucht die Dörfer und Städte auf. Ein asketisches Lebensideal verfolgt er nicht. Man beschimpft ihn als *„Fresser und Weinsäufer“*[19]. Der Akzent seiner Botschaft liegt offenbar nicht auf dem drohenden Gericht, sondern auf der Freude des Reiches Gottes. Jesus tritt öffentlich als Wanderprediger auf. Die Dörfer und Städte um den See Genezareth sind seine Wirkungsstätte, wobei die Stadt Kapernaum eine wichtige Rolle spielt. Am See sucht er sich auch seine Schüler. Es sind sämtlich Juden. Einige ihrer Familien leben vom Fischfang. Dem Bericht des Lukas zufolge leben in dem Jüngerkreis Jesu einige Frauen, die sich um den Lebensunterhalt kümmern und die auch ihr Vermögen für die Jesus-Bewegung einsetzen. [Lk 8, 1-3]

Die Mitte der Botschaft Jesu ist die nahe Gottesherrschaft. In der sogenannten Bergpredigt hat Matthäus die Kernaussagen Jesu zusammengefasst: Es geht um das Heil für die, die nach menschlichem Ermessen nichts mehr zu erwarten haben, um die Traurigen, die Armen vor Gott, die Barmherzigen und die Friedensstifter. Es geht um die Schriftauslegung der Bücher Mose und der Propheten. Jesus kommt in den Streit mit pharisäisch geprägten Schriftgelehrten, weil er auf der einen Seite eine weitherzige Auslegung vertritt [Sabbathgebot, Liebesgebot und Feindesliebe] andererseits aber die Grenzen weit enger zieht, als das üblich ist [Ehebruch]. Entscheidend ist das Gottesverhältnis, das Jesus seine Jünger lehrt. Abba, so sollen sie ihn im Gebet anrufen, wie ein Kind seinen Vater anredet. Die spezifische Form seiner Rede ist die des Gleichnisses. Die Landschaft am See, das tägliche Leben, auch groteske Geschichten lassen das Reich Gottes aufleuchten. Streitgespräche mit pharisäischen Gesprächspartnern sind innerhalb der jüdischen Schriftauslegung gängige Praxis.

Zeichen begleiten die Worte Jesu. In seiner Nähe werden Menschen gesund. Sein Wort heilt Kranke, die längst aufgegeben waren. Die Gemeinschaft Jesu ist eine heilende Gemeinschaft gewesen. Verständlich werden diese therapeutischen Handlungen aber nur im Zusammenhang mit seiner Botschaft. Die nahe Gottesherrschaft, die er verkündigt, wird sichtbar auch in Zeichen und Wundern. Was einmal für alle Welt gelten soll, das erfahren Menschen am See am eigenen Leibe: Der Gelähmte und der Blinde, die Tochter das Jairus und die Frau mit den Unterleibsblutungen. Das Wunder erfährt aber auch der Zöllner Zachhäus, der von dem Bann seines Reichtums gelöst wird und nun die Freiheit hat, von dem, was er sich ergaunert hat, abzugeben.

Der Entschluss, Galiläa und den See zu verlassen und nach Jerusalem zu ziehen ist die Wende im Leben des Jesus von Nazareth. Einhellig weisen die Evangelien wiederholt darauf hin, dass Jesus mit dem Konflikt in Jerusalem gerechnet hat, vielleicht sogar mit seinem Tod.

In Jerusalem selbst, vermutlich Anfang April 30 n.Chr jubeln ihm die Leute von der Straße zu. Sie halten ihn für den erwarteten Messias Gottes, der das gottlose Wesen und die gottlose römische Besatzungsmacht vertreiben wird. Zum Passafest sind die römischen Truppen in der Stadt verstärkt worden. Die Erinnerung an den

19. Matthäus 11,19, Lukas 7,24.

Auszug aus Ägypten läßt so etwas wie revolutionäre Stimmung aufkommen. Die Sicherheitslage ist angespannt, weil Tausende von Pilgern zum Fest in die Stadt gekommen sind. Jesus selbst setzt sich in der Stadt vor allem mit Vertretern der Sadduzäer, der Priesterpartei des Tempels auseinander. Zum Eklat kommt es, als er die Tische der Opfertierhändler uns der Wechsler umstößt mit der Begründung: Das Haus Gottes soll ein Haus des Gebetes sein. Ihr habt eine Räuberhöhle daraus gemacht.

Den Sederabend, den Beginn des Passafestes feiert Jesus mit seinen Freunden in der Stadt. Als die Tischgemeinschaft bei Nacht in den Garten Gethsemane am Ölberg geht, wird Jesus von der Tempelwache verhaftet. Die Tempelverwaltung hat einen Hinweis bekommen, wo Jesus sich aufhält. Einer seiner Freunde hat ihn verraten.

Ob es in derselben Nacht noch eine außerordentliche Ratsversammlung des Hohen Rates gegeben hat, ist fraglich. Die Quellen deuten darauf hin, dass es eine Anhörung gab, in dessen Verlauf deutlich wurde, dass man den Angeklagten zur Verurteilung und zur Kreuzigung an die Römer ausliefern müsse. Wiederum spielt in dieser Anhörung ein Satz Jesu eine wichtige Rolle, nach dem er behauptet haben soll, den Tempel abzubrechen und ihn in drei Tagen wieder aufzubauen. „Als Jesus auf die Frage des Hohepriesters, „bist du der Sohn des Hochgelobten?" antwortet: „Du sagst es!" – ist der Tatbestand der Gotteslästerung erfüllt. Wie schon früher, so verweist Jesus auch bei dieser Gelegenheit auf den Menschensohn, der nach Daniel 7 Israel vor Gott und Gott vor Israel vertritt.

Der römische Prokurator Pontius Pilatus wird in der christlichen Tradition häufig als ein schwächelnder Verwaltungschef gezeigt, der im Grunde Jesus retten wollte. Vor allem das Lukasevangelium hat deutlich die Tendenz, Pontius Pilatus und mit ihm das Römische Imperium im Prozess Jesu gut aussehen zu lassen. Die Wirklichkeit dürfte viel prosaischer ausgesehen haben: Anhörung, Folter, Urteil und Kreuzigung. Die Partei der Sadduzäer fürchtet, dass Jesus den Tempelkult stören könnte und damit ein wichtiges Stück an Eigenverantwortung für den jüdischen Hohen Rat gefährdet. Pontius Pilatus hat ein Interesse daran, jeden jüdisch-nationalistischen Aufstand im Keim zu ersticken. Die radikalen Vertreter des Judentums, die mittels Guerilla-Taktik versuchen, den Römern die Besatzung des jüdischen Landes so unangenehm und schwierig wie möglich zu machen, setzen auf Barrabas, den Zeloten. Die Feindesliebe Jesu halten sie für politisch verträumt. Wenn sie die Wahl haben zwischen Jesus und Barrabas, entscheiden sie sich für den Zeloten.

Das sind die äußeren, historisch erkennbaren Gründe, die Jesus ans Kreuz brachten. Juden und Heiden sind an diesem Prozess beteiligt, wobei festzuhalten ist, dass einzig der römische Prokurator das Recht hatte, Jesus kreuzigen zu lassen.

So stirbt Jesus den Sklaventod vor den Toren der Stadt, verlassen von den Freunden, verlassen auch von dem Gott, zu dem er um Hilfe schreit. Er stirbt am frühen Nachmittag des Karfreitag. Sofort nach dem Tod wird er von Frauen, die ihm nahestanden in dem Felsengrab eines Ratsherrn, der heimlich mit ihm sympathisierte bestattet. Als die Frauen nach Ende des Sabbath am Sonntag Morgen zum Grab kommen, finden sie dieses leer. Erscheinungen des Auferstandenen vor den Frauen und im Kreis der Jünger führen zu dem urchristlichen Bekenntnis: *„Der Herr ist auferstanden. Er ist wahrhaftig auferstanden und Simon (Petrus) erschienen!“* (Lukas 24,34)

Das ist das Leben Jesu, wie es sich aus den Berichten der Evangelien historisch rekonstruieren und wahrscheinlich machen läßt. So gesehen ist Jesus einer der jüdischen Messiasanwärter, der ebenso gescheitert ist wie nach ihm Bar Kochba und Zwi Sabbatai. Jesu Tod ist das tragische Ende seiner Verkündigung der Nähe Gottes und der Liebe zum Nächsten und sogar zum Feind. Für viele bleibt er auch nach der europäischen Aufklärung ein vorbildhafter Mensch, der mit seiner Botschaft der Liebe Maßstäbe gesetzt hat.

3.2. Jesus der Christus

Mit den Erscheinungen des Auferstandenen vor seinen Jüngerinnen und Jüngern wird deutlich, dass Jesus nicht nur der Verkündiger einer neuen Lehre von Geschwisterlichkeit und Gerechtigkeit war, der sein Engagement für die Menschen seines Volkes mit dem schmählichen Tod am Kreuz bezahlen musste.

Jesus ist der Messias Israels. Und weil er und der lebendige Gott nicht voneinander zu trennen sind, darum ist Jesus Christus der Aus dem Verkündiger ist der Verkündigte geworden. Wenn in der Urchristenheit Jesus als der Messias Israels verstanden wird, dann ist das ein weiterer Versuch, sein Geheimnis zu verstehen. Andere Versuche werden hinzukommen.

Jesus Christus ist selbst seine Botschaft in Person. In seinem Leben und Wirken hat das von ihm angekündigte Reich Gottes bereits Gestalt angenommen. Es wird seinen Freunden deutlich, dass der auferweckte Jesus Christus Gott selber ist. Seine Geschichte umgreift Vergangenheit, Gegenwart und Zukunft. Über ihn hatte der Tod keine Macht und wird der Tod keine Macht behalten.

Diese Botschaft gilt den Jüngern Jesu als den Repräsentanten des ganzen Volkes Israel.[20] Sie gilt darüber hinaus auch der ganzen nicht-jüdischen Welt. So wie die Gemeinde Jesus Christus als den Gesalbten Gottes für Israel bekennt [Messias= Christus], so bekennt sie ihn auch als den Herrn der Welt [κυριος]. Menschen unterschiedlicher Kulturen und Menschen unterschiedlicher Zeiten werden sein Geheimnis jeweils anders zu beschreiben suchen.

In den verschiedenen Evangelien haben die Schriftsteller aus der jungen Christenheit versucht, diesen unlöslichen Zusammenhang von Person und Werk Jesu Christi, von seinem Leben, Lehren und von seinen Taten zu beschreiben und zu bezeugen, dass das Geheimnis Jesu Christi das Geheimnis Gottes selbst ist.

---

20. Die 12 Jünger Jesu stehen für die 12 Stämme Israels

Mit den Erscheinungen des Auferstandenen Jesus Christus beginnt die christliche Theologie. Einen frühen Niederschlag findet sie in den Schriften des Neuen Testaments. Schon aus den ersten Jahrzehnten der christlichen Gemeinde muss das Christuslied stammen, das Paulus im Philipperbrief zitiert:

Text:

Seid so unter euch gesinnt, wie es auch der Gemeinschaft in Christus Jesus entspricht:

Er, der in göttlicher Gestalt war,
hielt es nicht für einen Raub, Gott gleich zu sein,
sondern entäußerte sich selbst
und nahm Knechtsgestalt an,
ward den Menschen gleich
und der Erscheinung nach als Mensch erkannt.
Er erniedrigte sich selbst
und ward gehorsam bis zum Tode
ja zum Tode am Kreuz.

Darum hat ihn auch Gott erhöht
und hat ihm den Namen gegeben, der über alle Namen ist,
dass in dem Namen Jesu sich beugen sollen aller derer Knie,
die im Himmel und auf Erden und unter der Erde sind,
und alle Zungen bekennen sollen,
dass Jesus Christus der Herr ist
zur Ehre Gottes, des Vaters.

Philipper 2,5-11

Der urchristliche Hymnus beschreibt die Geschichte Jesu Christi, als eine Geschichte von Ewigkeit zu Ewigkeit. Die Geschichte beginnt bei Gott und verwickelt die Weltgeschichte in die Geschichte Jesu hinein. Jesu Geschichte findet erst dann ihr Ende, wenn das Bekenntnis zu ihm ohne Ausnahme bleibt, wenn die ganze Welt ihm letztlich die Ehre gibt. Die Gemeinde der Christen nimmt dieses Bekenntnis zu Jesus als dem Herrn schon jetzt vorweg.

Der Prolog des Johannesevangeliums beschreibt die Geschichte Jesu in der Sprache der antiken Philosophie vom Logos, dem ewigen Wort Gottes:

Für das Johannesevangelium geht die Einheit Jesu mit seinem Vater so weit, dass selbst die Schöpfung durch ihn gemacht ist. Die Beziehung zu ihm, dem Christus Gottes entscheidet darüber, ob ein Mensch sich *„Kind Gottes"* nennen kann oder nicht.

Das Matthäusevangelium legt besonderen Wert darauf, in Jesus die Erfüllung der Verheißungen Israels aus dem Gesetz [*Thora*] und den Propheten Israels zu erkennen. Immer wieder verweist das Matthäusevangelium auf die hebräischen, biblischen Schriften.

In der Erzählung von den Magiern aus dem Morgenland sind es die Bibelgelehrten, die Auskunft über den Geburtsort des kommenden Messias geben können:

> Als Jesus geboren war in Bethlehem in Judäa zur Zeit des Königs Herodes, siehe, da kamen Weise aus dem Morgenland nach Jerusalem und sprachen: Wo ist der neugeborene König der Juden? Wir haben seinen Stern gesehen im Morgenland und sind gekommen, ihn anzubeten. Als das der König Herodes hörte, erschrak er und mit ihm ganz Jerusalem, und er ließ zusammenkommen alle Hohenpriester und Schriftgelehrten des Volkes und erforschte von ihnen, wo der Christus geboren werden sollte. Und sie sagten ihm: In Bethlehem in Judäa; denn so steht geschrieben durch den Propheten (Micha 5,1): »Und du, Bethlehem im jüdischen Lande, bist keineswegs die kleinste unter den Städten in Juda; denn aus dir wird kommen der Fürst, der mein Volk Israel weiden soll.« Matthäus 2, 1-6

Auch das Auftreten und die Lehre Jesu selbst versteht Matthäus als Erfüllung biblischer Verheißungen. Jesus bringt keine „neue" Lehre. Er erfüllt, was in Israel geltende Lehre ist.

> Ihr sollt nicht meinen, dass ich gekommen bin, das Gesetz oder die Propheten aufzulösen; ich bin nicht gekommen aufzulösen, sondern zu erfüllen. Denn wahrlich, ich sage euch: Bis Himmel und Erde vergehen, wird nicht vergehen der kleinste Buchstabe noch ein Tüpfelchen vom Gesetz, bis es alles geschieht. Wer nun eines von diesen kleinsten

Geboten auflöst und lehrt die Leute so, der wird der Kleinste heißen im Himmelreich; wer es aber tut und lehrt, der wird groß heißen im Himmelreich. Denn ich sage euch: Wenn eure Gerechtigkeit nicht besser ist als die der Schriftgelehrten und Pharisäer, so werdet ihr nicht in das Himmelreich kommen.

Matthäus 5, 17-20

Einen anderen Akzent setzt das Markusevangelium. Nach seinem Evangelium wird Jesus in seiner Taufe zum Sohn Gottes eingesetzt und proklamiert. Diese Erkenntnis bleibt jedoch bis zu seiner Auferweckung von den Toten verborgen.

Und es begab sich zu der Zeit, dass Jesus aus Nazareth in Galiläa kam und ließ sich taufen von Johannes im Jordan. Und alsbald, als er aus dem Wasser stieg, sah er, dass sich der Himmel auftat und der Geist wie eine Taube herabkam auf ihn. Und da geschah eine Stimme vom Himmel: Du bist mein lieber Sohn, an dir habe ich Wohlgefallen.

Markus 1,9-11

Unter den neutestamentlichen Autoren gibt es eine Vielzahl von *„Christologien“*. Das ist weder Mangel noch Verlegenheit. Auch wenn die Erzählungen von Jesus über die Zeiten hindurch dieselben geblieben sind. Menschen unterschiedlicher Zeiten und Kulturen lesen sie unterschiedlich.

In den 60er Jahren des vergangenen Jahrhunderts begannen die von den europäischen und nordamerikanischen Missionsgesellschaften gegründeten *„Jungen Kirchen“* der dritten Welt, eine ihnen angemessene *„kontextuale Theologie“* zu formulieren. Mit einigem Unverständnis wurde es in der europäischen Universitätstheologie aufgenommen, wenn afrikanische Christen sagten: *„Christus ist schwarz“*, wenn lateinamerikanische Theologen aller Konfessionen eine *„Theologie der Befreiung“* zu formulieren. Auch in den westlichen Kulturen fühlten sich große Teile der Frauenbewegung nicht mehr in den von Männern erarbeiteten und repräsentierten Theologien vertreten. Vom Feminismus geprägte christlich-theologische Entwürfe der Gegenwart versuchen auch auf die Frage: *Wer ist Jesus Christus?* In einer zeitnahen Weise zu antworten.

Allen unterschiedlichen theologischen Ansätzen ist gemeinsam, dass sie nicht allein deshalb schon legitim sind, weil sie bei der Tradition du den von ihr bestimmten

Theologen auf Zustimmung stoßen. Zu allen Zeiten hat sich die christliche Theologie am Zeugnis der Bibel und im Gespräch mit der vergangenen und der gegenwärtigen christlichen Gemeinde zu bewähren. Und entscheidend ist, dass sie sich im Dialog mit der Bibel bewährt und damit theologisch *„bei der Sache“* bleibt.

3.3. Jesus Christus – unser Herr

Kyrios [kurioß] Herr, ist einer der Hoheitstitel Jesu. 181 Mal wird dieses Wort in den Evangelien des Neuen Testaments im Zusammenhang mit Gott oder mit Jesus Christus gebraucht. In der griechischen Übersetzung der hebräischen Bibel [Septuaginta] steht das Wort kurioß für den heiligen Gottesnamen, das Tetragramm [JHWH]. Im hellenistischen Kaiserkult ist der kurioßv-Titel die Anrede des Kaisers. Wenn der Kaiser in der Arena erscheint, dann ruft das Volk: kurie eleisson - Kyrie eleison, Herr, erbarme dich! Darüber hinaus wird der kuriovß-Titel in der profanen Sprache zur Anrede gesellschaftlich höher gestellter Personen verwendet.

In den Evangelien ist kuriovß die gängige Anrede Jesu durch seine Jünger. Nach dem Zeugnis des Matthäusevangeliums rufen ihn auch fremde, hilfebedürftige Menschen mit diesem Wort an: *Herr, erbarme dich*! [Matthäus 15,22; 17,15; 29,30f.]. Auch wenn die Anrufung Jesu als *„Herr“* hier noch im Bereich normalen Sprachgebrauchs liegt, so klingen doch die beiden anderen Bedeutungsebenen gleichzeitig mit an. Für die christliche Gemeinde ist Jesus der Herr durchaus im Sinne des alttestamentlichen Gottesnamens und er ist der Herr, der den kuriov der Welt, den Kaiser in den Schatten stellt. In den späteren Schriften des Neuen Testaments, vor allem in der Offenbarung des Johannes wird Christus dargestellt als der universale Herrscher, dem alle Mächte und Gewalten untertan sind. Er ist die letzte Autorität, der Herrscher und der Richter.

Das Glaubensbekenntnis bekennt Christus als diesen Herrn aller Herrscher, der die anderen Mächte kraft seines Todes und seiner Auferweckung begrenzt hat und sie in die Schranken weist. Darum können alle anderen Mächte nur vorläufiges Recht haben. Vor allem haben sie kein Recht, über den Glauben und das Glaubensleben zu urteilen und zu befinden. Der Herrschaftsanspruch Jesu ist universal. Wenn eine weltliche Macht denselben Anspruch erhebt, dann hat sie sich als widergöttlich und als teuflisch ausgewiesen. Christen in den ersten Jahrhunderten wurden zu Märtyrern, weil sie sich dem totalen Anspruch des Kaisers widersetzten, weil sie nicht dazu bereit waren, den Kaiser als *Herrn* anzuerkennen und ihm zu opfern.

In einer ähnlich schwierigen Situation, als sich Nationalsozialisten der evangelischen Kirche bemächtigen wollten, hat die Bekenntnissynode von Bermen in ihrer 2. These erklärt:

Text:

> Durch Gott seid ihr in Christus Jesus, der uns von Gott gemacht ist zur Weisheit und zur Gerechtigkeit und zur Heiligung und zur Erlösung.
> (1.Kor 1,30)
>
> Wie Jesus Christus Gottes Zuspruch der Vergebung aller unserer Sünden ist, so und mit gleichem Ernst ist er auch Gottes kräftiger Anspruch auf unser ganzes Leben; durch ihn widerfährt uns frohe Befreiung aus den gottlosen Bindungen dieser Welt zu freiem, dankbarem Dienst an seinen Geschöpfen.
>
> Wir verwerfen die falsche Lehre, als gebe es Bereiche unseres Lebens, in denen wir nicht Jesus Christus, sondern anderen Herren zu eigen wären, Bereiche, in denen wir nicht der Rechtfertigung und Heiligung durch ihn bedürften.
>
> Barmer Theologische Erklärung vom 31. Mai 1934
> These II.

Der Glaubenssatz: *Jesus Christus ist der Herr!* ist ein zutiefst ideologiekritischer Satz. Wie er sich gegen den Machtanspruch des römischen Kaisers richtete, so richtet er sich auch gegen alle von Menschen behaupteten totalitären Ansprüche.
Er richtet sich gegen eine Politik, die alle Befehlsgewalt für sich beansprucht. Sie richtet sich ebenso gegen ein Regime, das die Menschen nach Hautfarbe sortiert und damit bestimmt, dass sie nur einer ihnen entsprechenden Kirche angehören dürfen. Sie richtet sich gegen alle behaupteten Vorzüge des Geschlechtes, des Einkommens, der politischen Überzeugung. Auch wenn Menschen gezwungen werden sollen, bestimmte Dinge zu tu oder zu lassen: Jede Macht, die mit dem Willen und Anspruch Jesu Christi konkurriert, ist eine gottlose Macht.

3.4. Für wen haltet ihr mich? – das Bekenntnis der Christen

Auf dem Höhepunkt seiner Wanderung durch Galiläa fragt Jesus seine Freunde, für wen ihn die Leute halten. Vielen gilt er als Prophet nach dem Vorbild des Mose und des Elia aus der Geschichte Israels, oder auch Johannes des Täufers. Anschließend fragt er seine Freunde: *„Für wen haltet ihr mich?“*[21]

Jesus fordert die Stellungnahme zu seiner Person heraus. Seine Zuwendung zu den Menschen verlangt nach einer Antwort. Wer ist er? Ein Religionsstifter? Ein großer Lehrer der Menschheit? Ein gescheiterter Idealist? Ein Revolutionär? Ein Geistwesen? Jeder Artikel über Themen, die mit Christus und seiner Kirche zu tun haben, gibt in gewisser Weise Antwort. Jeder SPIEGEL-Artikel, jeder Film von *„Ben Hur“* angefangen bis zu *„Quo Vadis?“ „Das Leben des Brian“* oder *„Martin Luther“* verbreitet die Sicht des Regisseurs, gibt Antwort auf die Frage auf die Frage Jesu: *„Für wen haltet ihr mich?“* Jeder, der Jesus im Laufe seines Lebens begegnet, wird an der Frage nicht vorbei kommen: *„Für wen haltet ihr mich?“*

Jesu Leben, Sterben und Auferstehen ist nicht nur ein historisch vergangenes Ereignis. Jesus Christus fordert heute die Stellungnahme zu seiner Person heraus. Er ist die Anrede Gottes an die Menschen aller Zeiten, Kulturen und Religionen. Jesus Christus ist das lebendige Wort, das Gott zu den Menschen aller Zeiten und Generationen spricht. Die entsprechende Antwort auf diese Anrede Gottes ist der Glaube. Er sucht sein Heil nicht länger bei sich. Er vertraut nicht länger auf die eigene Anständigkeit und Leistungsfähigkeit. Der Glaube lebt davon, dass er sich an Christus hält, dass er die Beziehung zu ihm will.

Zu allen Zeiten haben Christen ihren Glauben formuliert. Sie haben versucht, die Geschichte Jesu Christi so in Kurzfassung festzuhalten, dass es für die Christen eine *„Glaubens-Regel“* gab, die ihnen immer wieder die Kernsätze des christlichen Glaubens in Erinnerung rief und zugleich deutlich machte: wer sich mit seinem Glauben und mit seinen Glaubensäußerungen jenseits dieses Bekenntnisses bewegt, der gehört nicht mehr zur christlichen Kirche.

21.

Besonders in den ersten Jahrhunderten der Christenheit wurden Glaubensbekenntnisse im Hinblick auf abweichende Lehrmeinungen über die Dreieinigkeit Gottes und über die Person und das Werk Jesu Christi formuliert.

Der liturgische Ort des Glaubensbekenntnisses ist die Taufe. Im diesem alten Text des apostolischen Glaubensbekenntnisses werden dem erwachsenen Taufbewerber oder den Eltern und Paten des Täuflings wie auch der Gemeinde die wichtigen Glaubensinhalte in Erinnerung gerufen.

Indem die Gemeinde diesen Text im Gottesdienst spricht, stellt sie sich immer wieder neu zu diesen, die Gemeinschaft der Christen begründenden Text. In der historischen Forschung ist wahrscheinlich gemacht worden, dass das „apostolische Glaubensbekenntnis“ aus dem Taufgottesdienst der frühen römischen Kirche stammt.

Das Apostolische Glaubensbekenntnis

Credo in Deum Patrem omnipotentem, Creatorem caeli et terrae. Et in Iesum Christum, Filium eius unicum, Dominum nostrum, qui conceptus est de Spiritu Sancto, natus ex Maria Virgine, passus sub Pontio Pilato, crucifixus, mortuus, et sepultus, descendit ad inferos, tertia die resurrexit a mortuis, ascendit ad caelos, sedet ad dexteram Dei Patris omnipotentis, inde venturus est iudicare vivos et mortuos. Credo in Spiritum Sanctum, sanctam Ecclesiam catholicam, sanctorum communionem, remissionem peccatorum, carnis resurrectionem, vitam aeternam. Amen.	Ich glaube an Gott, den Vater, den Allmächtigen, den Schöpfer des Himmels und der Erde, und an Jesus Christus, seinen eingeborenen Sohn, unsern Herrn, empfangen durch den Heiligen Geist, geboren von der Jungfrau Maria, gelitten unter Pontius Pilatus, gekreuzigt, gestorben und begraben, hinabgestiegen in das Reich des Todes, am dritten Tage auferstanden von den Toten, aufgefahren in den Himmel; er sitzt zur Rechten Gottes, des allmächtigen Vaters; von dort wird er kommen, zu richten die Lebenden und die Toten. Ich glaube an den Heiligen Geist, die heilige [allgemeine] christliche Kirche, Gemeinschaft der Heiligen, Vergebung der Sünden, Auferstehung der Toten und das ewige Leben. Amen.

Die *„altkirchlichen Bekenntnisse"* zeichnen sich vor allem dadurch aus, dass sie dem 2. Artikel besondere Sorgfalt widmen und präzise formulieren. Es geht ihnen vor allem um Person und Werk Jesu Christi. Im Kontext der spätantiken Welt ist das Bekenntnis zu Gott dem Schöpfer und zu Gott dem Heiligen Geist nicht so umstritten wie das Bekenntnis zu Jesus Christus, zu seiner Person, zu seinem Werk und zu seinem Verhältnis zum Gott Israels. Dieses Verhältnis beschreiben die Bekenntnisse der Alten

Kirche als ein inniges Verhältnis von Vater und Sohn, in dem sich Gottheit und Menschheit vereinen und doch voneinander unterschieden bleiben.

Deutlich grenzt sich die Kirche der ersten Jahrhunderte von Meinungen ab, die Schöpfer und Geschöpf miteinander verwechseln. Gott ist insofern *„in der Schöpfung"* indem die Schöpfung sein Werk ist, der Raum seines Lobes und seiner Herrlichkeit [*theatrum Dei gloriae* – Johannes Calvin]. In sich selbst ist die Schöpfung nicht „göttlich".

Die Alte Kirche hält zudem gegen alle möglichen Meinungen daran fest, dass Jesus Christus wahrer Gott und wahrer Mensch zugleich ist. Er ist nicht ein in Menschengestalt verkleideter Gott – diese Fähigkeit schrieben die griechische und die römische Religion ihren Göttern zu: dass sie sich in Menschengestalt verwandeln und so unerkannt zur Welt kommen könnten. Zeus, der höchste der olympischen Götter nutzte seine Wandlungsfähigkeit, um Menschenfrauen unerkannt verführen zu können. Nach dem biblischen Zeugnis und dem Glauben der Christenheit kommt Gott nicht zum Vergnügen zur Welt. Er kommt als Mensch unter Menschen [Johannes 1], um das Leben und den Tod der Menschen bis zur bitteren Neige zu teilen.

Auf der anderen Seite grenzt sich die frühe christliche Kirche auf ihren Konzilien in Nicaea [325 n.Chr,] und Chalzedon [451 n.Chr.] von Gruppen ab, die in Christus niemanden anderen sehen konnten als einen besonders hervorgehobenen Menschen, der durch sein Leben und Sterben denen ein Beispiel gegeben hat, die ihm nachfolgen wollen. Gegen das Beispiel des Lebens Jesu für die Christen ist nichts einzuwenden. Wenn ich aber Jesus auf diese Weise von Gott trenne, ihn nur als hervorgehobenen Menschen verstehe, dann kann ich in der Person und im Werk Jesu Christi nicht letztlich gewiss sein, ob ich es in Jesus wirklich mit Gott zu tun habe? Oder verbirgt sich hinter der Freundlichkeit Jesu noch ein anderer Gott, der ein ganz anderes Gesicht er Rache und der Vergeltung zeigt?.

Jesus ist das eine Ebenbild Gottes – sagt der Kolosserbrief [Kolosser 1,15; 2.Korinther 4,4]. Wer es mit ihm zu tun hat, der hat es wirklich mit dem lebendigen Gott zu tun.

Das Nicaeno-konstantinopolitanische Glaubensbekenntnis

Wir glauben an den einen Gott,
den Vater, den Allmächtigen,
der alles geschaffen hat,
Himmel und Erde,
die sichtbare und die unsichtbare
Welt.

Und an den einen Herrn Jesus
Christus,
Gottes eingeborenen Sohn,
aus dem Vater geboren vor aller Zeit:
Gott von Gott, Licht vom Licht,
wahrer Gott vom wahren Gott,
gezeugt, nicht geschaffen,
eines Wesens mit dem Vater;
durch ihn ist alles geschaffen.
Für uns Menschen und zu unserm Heil
ist er vom Himmel gekommen,
hat Fleisch angenommen
durch den Heiligen Geist
von der Jungfrau Maria
und ist Mensch geworden.
Er wurde für uns gekreuzigt
unter Pontius Pilatus,
hat gelitten und ist begraben worden,

Credo in unum Deum,
Patrem omnipotentem,
factorem caeli et terrae,
visibilium omnium et invisibilium.

Et in unum Dominum Iesum
Christum,
Filium Dei unigenitum,
et ex Patre natum ante omnia
saecula.
Deum de Deo, Lumen de Lumine,
Deum verum de Deo vero,
genitum non factum,
consubstantialem Patri;
per quem omnia facta sunt.
Qui propter nos homines et propter
nostram salutem
descendit de caelis.
Et incarnatus est
de Spiritu Sancto ex Maria Virgine,
et homo factus est.
Crucifixus etiam pro nobis
sub Pontio Pilato,
passus et sepultus est,

ist am dritten Tage auferstanden nach der Schrift und aufgefahren in den Himmel. Er sitzt zur Rechten des Vaters und wird wiederkommen in Herrlichkeit, zu richten die Lebenden und die Toten; seiner Herrschaft wird kein Ende sein. Wir glauben an den Heiligen Geist, der Herr ist und lebendig macht, der aus dem Vater und dem Sohn hervorgeht, der mit dem Vater und dem Sohn angebetet und verherrlicht wird, der gesprochen hat durch die Propheten, und die eine, heilige, allgemeine und apostolische Kirche. Wir bekennen die eine Taufe zur Vergebung der Sünden. Wir erwarten die Auferstehung der Toten und das Leben der kommenden Welt. Amen.	et resurrexit tertia die, secundum Scripturas, et ascendit in caelum, sedet ad dexteram Patris. Et iterum venturus est cum gloria, iudicare vivos et mortuos, cuius regni non erit finis. Et in Spiritum Sanctum, Dominum et vivificantem, qui ex Patre (Filioque) procedit. Qui cum Patre et Filio simul adoratur et conglorificatur: qui locutus est per prophetas. Et unam, sanctam, catholicam et apostolicam Ecclesiam. Confiteor unum baptisma in remissionem peccatorum. Et expecto resurrectionem mortuorum, et vitam venturi saeculi. Amen.

Das *Nicaeno-Konstantinopolitanische Glaubensbekenntnis* eint in die großen Kirchenfamilien im Westen und im Osten. Diese Glaubensformulierungen teilen – mit Abstrichen – die meisten Christen auf der Welt. Streit zwischen den westlichen Kirchen [Römisch-katholische und Evangelischen Kirchen] und den östlichen Kirchen [die Orthodoxe Kirche in ihren unterschiedlichen Ausprägungen] gibt es darum, ob der Heilige Geist nur von Gott dem Vater ausgeht, oder auch von Gott, dem Sohn. Im Osten meinte man, hier gleichsam eine innertrinitarische Hierarchie aufzurichten, indem man den Geist vor allem anderen an Gott den Vater band.

Im Westen dagegen war und ist man der Auffassung, dass die Geistmitteilung Gottes vom Vater und vom Sohn ausgeht. Auch im Heiligen Geist haben es die Christen immer mit dem Dreieinigen Gott zu tun. *„Opera Trinitatis ad extra sunt indivisa"* formuliert der Kirchenvater Augustinus: Die Werke der göttlichen Trinität, die sich nach außen richten, sind unzertrennbar. Gott begegnet dem Menschen als der eine Gott: Der Vater, der Sohn und der Heilige Geist.

Das Problem des Konzils von *Chalkedon* [451n.Chr.] in Kleinasien war die Verhältnisbestimmung der beiden Naturen Christi in seiner Person. Die Antwort, die die Konzilsväter dabei fanden, ist sowohl genial als auch unbefriedigend. Weil man sich auf positive Verhältnisbestimmungen nicht einigen konnte, versuchte man es mit vier Abgrenzungen:

Die beiden Naturen Christi in seiner Person sind so aufeinander bezogen und so voneinander unterschieden:

unvermengt inconfuse	unwandelbar immutabiliter
ungetrennt indivise	unzertrennbar inseparabiliter

Mit diesen vier negativen Abgrenzungen wandte sich das Konzil von Chalzedon zum einen gegen die Anhänger eines gewissen Nestorius, die die beiden Naturen Christi voneinander trennen wollten und auf der anderen Seite gegen die von den Monophysiten- den Vertretern der *Einen* Natur Christi und der von ihnen proklamierte Verschmelzung der beiden Naturen in der Person Christi zu einer einzigen neuen *„Natur“*.

Das dritte der sog. *„Altkirchlichen Bekenntnisse“* ist das *Symbolum Athanasianum*, das Athanasische Glaubensbekenntnis. Es stammt wohl aus dem 7. Jahrhundert. Genaueres über seine Herkunft ist nicht auszumachen. In vierundzwanzig Sätzen wird der Glaube an den Dreieinigen Gott formuliert, in 12 Sätzen die Christologie. Hier sind auch die Grenzbestimmungen von Chalkedon aufgenommen worden.

Vielleicht ist dieses Bekenntnis *Quicunque"* [benannt nach seinem Beginn: *Wer immer selig werden* will, der muss folgende Sätze als wahr anerkennen...] ursprünglich ein Ordinationsbekenntnis gewesen, auf das die Priester verpflichtet wurden. Im Leben und in der Liturgie der großen Kirchenfamilien spielt das Athanasianische Bekenntnis lediglich eine untergeordnete Rolle.

Es fällt schwer, sich nach 1600 Jahren noch vorzustellen, wie erbittert um diese dogmatischen Festlegungen gestritten worden ist. Bisweilen gingen die Vertreter der unterschiedlichen Parteien auch mit Gewaltaufeinander los. Glaubensfragen waren im antiken Römischen Reich Lebensfragen, Fragen der Staatsraison. Erst die europäische Aufklärung im 18. Jahrhundert hat damit begonnen, diese *Bekenntnis-gebundene* Allianz zwischen Kirche und Staat zu lösen. Der moderne Verfassungsstaat mischt sich nicht mehr in Glaubensfragen ein, es sei denn, dass bestimmte Gruppen ihr Glaubensbekenntnis so auslegen und ausleben, dass davon eine Gefahr für die Allgemeinheit, für einzelne Menschen und für Menschengruppen ausgeht.

Text:

> Wenn der Staat sich dazu entschließt, bestimmte Glaubensgemeinschaften geheimdienstlich beobachten zu lassen, dann darum, weil er die Befürchtung hegt, dass in diesen Glaubensgemeinschaften Dinge geschehen, die mit der Würde des Menschen und mit den für alle geltenden Gesetzen nicht übereinstimmen. Die Bestrebungen, die „Scientology-Kirche" zu verbieten, rühren daher, dass man Anstoß daran nimmt, dass dort Menschen mit fragwürdigen psychologischen Techniken dazu gebracht werden, Dinge zu tun, die sie aus freien Stücken nicht tun würden. Die Rechtsgrundlage dafür sieht der Staat in Art. 137 GG.

Grundgesetz für die Bundesrepublik Deutschland Artikel 137
Religionsgesellschaften

(1)
Es besteht keine Staatskirche.

(2)

Die Freiheit der Vereinigung zu Religionsgesellschaften wird gewährleistet. Der Zusammenschluß von Religionsgesellschaften innerhalb des Reichsgebiets unterliegt keinen Beschränkungen.

(3)

Jede Religionsgesellschaft ordnet und verwaltet ihre Angelegenheiten selbständig innerhalb der Schranken des für alle geltenden Gesetzes. Sie verleiht ihre Ämter ohne Mitwirkung des Staates oder der bürgerlichen Gemeinde.[22]

Die altkirchlichen Bekenntnisse sind für den Glauben der christlichen Gemeinde wie für die christliche Theologie eine Regel, die das Nachdenken über den Glauben in eine bestimmte Richtung lenkt. Nach evangelischem Verständnis haben die altkirchlichen Bekenntnisse wie auch die Bekenntnisse der Reformation und spätere Bekenntnisse ihren Wert nicht in ihrem ehrwürdigen Alter, sondern darin, dass sie immer wieder als sachgerechte Auslegung und Zusammenfassung des biblischen Zeugnisses erkannt worden sind und erkannt werden und als solche auch allgemeine Anerkennung bei den christlichen Kirchen finden..

Im Aufbruch der Reformation stellte es sich für die Reformatoren heraus, dass die altkirchlichen Bekenntnisse der Vergangenheit die Kirche nicht vor bestimmten Irrtümern der Gegenwart schützen konnten. Die Fragestellungen hatten sich verändert. Im 16. Jahrhundert betrafen sie weniger die Trinitäts- und die Zwei-Naturen-Lehre sondern als viel mehr die Fragen nach der Gerechtigkeit Gottes, nach der Art und Weise der Gegenwart Christi im Abendmahl, und die nach der Kirche, ob sie bei der Erlösung des Menschen vermittelnde Kraft hat oder nicht. Sowohl in den lutherischen wie in den reformierten Kirchen und Gemeinden wurden neue Bekenntnisschriften formuliert. Mit der Formulierung der Bekenntnisschriften war die Trennung von der Römisch-katholischen Kirche bekräftigt. Bekenntnisse formulieren den Glauben der Kirche. Gleichzeitig grenzen sie sich gegen unbiblische und menschenverachtende ab. Wer bekennt, der stellt sich auf eine

22. Grundgesetz für die Bundesrepublik Deutschland vom 23. Mai 1949, Stand Juli 2009, Bonn 2010, Artikel 137, Weimarer Reichsverfassung vom 11. August 1919. Vgl. GG. Artikel 140: Die Bestimmungen der Artikel 136, 137, 138, 139, und 141 der Deutschen Verfassung vom 11. August 1919 sind Bestandteil dieses Grundgesetzes.

bestimmte Seite. Wer sich zu Christus bekennt, der stellt sich offen gegen die gottfeindlichen Mächte.

Diese Bekenntnisschriften bestätigten den Inhalt der altkirchlichen Bekenntnisse und fügen Artikel zu den gegenwärtigen Problemen hinzu.

Zu den lutherischen Bekenntnisschriften, die 1580 im sog. **Konkordienbuch** zusammengefaßt worden sind, zählen u.a.:
Der **Kleine Katechismus** Martin Luthers
Der **große Katechismus** Martin Luthers
Das **Augsburgische Bekenntnis** Philipp Melanchthons [Confessio Augustana]
Die Verteidigung [**Apologie**] des Augsburgischen Bekenntnisses
Die **Schmalkaldiuschen Artikel** Martin Luthers
Die **Konkordienformel**
Der **Traktat über die Amtsgewalt des Papstes**

Für die lutherischen Kirchen gilt mit der Fertigstellung des Konkordienbuches die Bekenntnisbildung als abgeschlossen.

Die reformierten Kirchen haben ein offeneres Verständnis von Bekenntnisschriften und Bekenntnisbildung. Es war in den reformierten Kirchen möglich, ja es war die Regel, dass man auch die Bekenntnisse anderer Kirchen und Gemeinden anerkannten. Es ist daher überhaupt nicht verwunderlich, dass die unterschiedlichen Reformierten Kirchen in der Welt zum Teil unterschiedliche Bekenntnisgrundlagen haben. Das Bekenntnis ist nach reformiertem Bekenntnis nicht nur das eine niedergeschriebene Bekenntnis, an dem festzuhalten ist. So fordert das Festhalten am überlieferten Bekenntnis immer wieder zu aktuellem Bekennen heraus. Neuere Bekenntnisschriften wie die Barmer Theologische Erklärung von 1934, die Leuenberger Konkordie und das Bekenntnis von Belhar gegen die theologische Rechtfertigung und die Praxis der Apartheit in südafrikanischen Kirchen haben in vielen reformierten Kirchen die Geltung von Bekenntnisschriften. Zu den verbreiteten Reformierten Bekenntnisschriften zählen:

Der **Heidelberger Katechismus** [1563]*

Der **Genfer Katechismus** Johannes Calvns
Das **zweite Helvetische** Bekenntnis
Das **Hugenottenbekenntnis**
Das **schottische** Bekenntnis
Die **Dordrechter** Artikel
Die **Barmer Theologische Erklärung***
Die **Leuenberger Konkordie** [1973]*
Das **Bekenntnis** von Belhar 1983

„Für wen halten ihr mich?“ fragt Jesus seine Jünger. Jeder Mensch muss seine eigene Antwort auf diese Frage finden. Die Bekenntnistexte aus der Geschichte der Kirche geben Anleitung, auf welchem Wege die Antwort auf die Frage Jesu zu suchen und zu finden ist.

Text:

Denn wenn du mit deinem Munde bekennst, dass Jesus der Herr ist, und in deinem Herzen glaubst, dass ihn Gott von den Toten auferweckt hat, so wirst du gerettet. Denn wenn man von Herzen glaubt, so wird man gerecht; und wenn man mit dem Munde bekennt, so wird man gerettet.
Römer 10, 9f.

Aus dem Gesangbuch:

Jesus ist kommen, Grund ewiger Freude;
A und O, Anfang und Ende steht da.
Gottheit und Menschheit vereinen sich beide;
Schöpfer, wie kommst du uns Menschen so nah!
Himmel und Erde, erzählet's den Heiden:
Jesus ist kommen, Grund ewiger Freuden.

EG 66, 1

4. Ich glaube an den Heiligen Geist

Die christliche Rede vom Heiligen Geist ist biblisch begründet. Bereits auf der ersten Seite nennt der Autor der priesterschriftlichen Schöpfungserzählung den Geist Gottes [die Ruach – im Hebräischen ist Gottes Geist weiblichen Geschlechtes]. Der Heilige Geist ist die Gegenwart Gottes über der noch chaotischen Urflut [1. Mose 1,2]. Geist Gottes ist seine Gegenwart unter den Menschen. Einzelne werden vom Geist ergriffen, so der König Saul [1.Samuel 10.10f.] Für die Heilszeit erwartet der Prophet Joel die universale Ausgießung des Geistes „über alles Fleisch“ [Joel 3,1].

Sowenig man in der Theologie Israels je daran gedacht hat, den Geist Gottes als eine eigenständige *„göttliche Person“* zu beschreiben, so ist dennoch die Rede von Gott nicht so einförmig, dass man hier von einem theoretischen Monotheismus sprechen könnte. Viele Gotteserfahrungen sind Geisteserfahrungen. Der ferne, bildlose Gott Israels, der Gott mit dem unaussprechlichen Namen, kommt in seinem Geist zu seinem Volk. Als Geist wird er von den Menschen seines Volkes erfahren. Und Hoffnung richtet sich darauf, dass Gottes Geist universal wirksam und gegenwärtig wird.

Das Neue Testament knüpft an diese Rede vom Geist Gottes an. In seiner Kraft wird Maria schwanger mit dem erwarteten Messias [Matthäus 1,18] . Der Geist führt Jesus in die Wüste [Markus 1,12pp.] In der Taufe offenbart Gottes Geist seine göttliche Begabung [Markus 1,11pp.]. Besonders das Johannesevangelium betont in den sog. Abschiedsreden, dass der Geist bei der Gemeinde bleiben wird, wenn Jesus die Erde verlässt [Johannes 15, 25]. Umgekehrt ist die Geistbegabung das Zeichen des ewigen Lebens, das schon hier und jetzt mit dem Glauben an Christus beginnt [Johannes 14,17].

In der theologischen Konzeption des Lukasevangeliums ist die Geistesgegenwart das Kennzeichen der urchristlichen Gemeinde. Zu Pfingsten [Apostelgeschichte 2] kommt es unter den nach Jesu Tod verängstigten Jüngern zu ekstatischen Erscheinungen. Der Glaube wird unter der Geistwirkung öffentlich. Gleichzeitig ist der Geist Gottes der, der die neue Gemeinschaft formt, der ihr die Gaben Gottes gibt. Davon spricht der Apostel Paulus im 12. Kapitel des 1. Korintherbriefes. Gleichzeitig warnt er eindringlich davor, dass sich die Geistbegabungen und Geisteswirkungen sich nicht verselbständigen. Ekstatische Phänomene allein sind noch kein Beweis für lebendige Gemeinde. Die überschwänglichen Begabungen müssen durch die Liebe in die richtige Richtung geleitet werden [1. Korinther 13].

Eine ausgeführte „Lehre“ vom Heiligen Geist kennen weder die Hebräische Bibel noch das Neue Testament. Andererseits stehen die biblischen Aussagen einer Lehre vom Geist Gottes und seiner Dreieinigkeit nicht entgegen, die Entwicklung aus diesen biblischen Aussagen zur altkirchlichen Trinitätslehre ist vielleicht nicht zwingend, aber sie ist nachvollziehbar und konsequent. Vielmehr bewahrt gerade die altkirchliche Trinitätslehre davor, im Heiligen Geist eine eigenständige göttliche Größe zu vermuten. Der Heilige Geist ist der Geist Gottes und der Geist Jesu Christi. Er bezeugt sich in der Heiligen Schrift und Gemeinde. Ein „Geist“, der gegen die Heilige Schrift und gegen Jesus Christus redet, kann nicht Gottes Heiliger Geist sein. Private Offenbarungen, die sich vom Zeugnis der Heiligen Schrift entfernen oder ihm widersprechen, können nicht Geisterfahrungen im biblischen Sinne sein.

> Immer wieder hat es in der Geschichte der Kirche geistbewegte Menschen gegeben, die sich in ihren Lehren und Offenbarungen auf direkte Eingaben des Heiligen Geistes beriefen. Es gab diese Menschen innerhalb der Kirche – etwa der Kirchenvater Augustinus – und es gab sie am Rand oder gar außerhalb der Kirche. So geht die Entstehung der Gemeinschaften außerhalb der Kirche nicht selten auf solche *„Privatoffenbarungen“* einzelner zurück. Das Wirken des Geistes entzieht sich wie das Wirken Gottes selbst aller Beweisbarkeit. Hinter dem Etikett der Offenbarungen des *„Heiligen Geistes“* kann sich auch der Ungeist verbergen. Und die begleitenden Zeichen von Geist und Ungeist können sich zum Verwechseln ähnlich sehen. Beispiel: Während viele Christen im Nationalsozialismus eine geistbewegte Bewegung sahen, der sich auch die Kirche nicht verschließen sollte, war es für eine Minderheit die Bewegung eines Ungeistes, dem sich die Kirche unter allen Umständen verschließen musste. Nun kann niemand solange warten, bis die historischen Entwicklungen nach und nach zeigen, mit wessen Geistes Kindern man es zu tun hatte.

Für Paulus [1. Korinther 12,10] gehört die Unterscheidung der Geistesgaben zu den wichtigen Gnadengaben des Heiligen Geistes selber. Die Gemeinde ist also selber gefordert, die Lehre zu beurteilen ob sie eine Lehre ist, die aus der Liebe und der Wahrheit Gottes kommt, die Frieden stiftet und zusammenführt, oder on es eine Lehre ist, die der Gnade Gottes Grenzen setzen will, die die Herrschaft einiger proklamiert und die Disziplin und Gehorsam statt der Barmherzigkeit Gottes predigt. Die Prüfung der Lehre, die Unterscheidung der Geister gehört zum unverzichtbaren Auftrag der Gemeinde, solange sie auf dieser Erde leben wird. Diese Prüfung und Unterscheidung ist ein selbstkritischer Prozess, den die Kirche zu bestehen hat und in dem sie auf das ständige Gespräch mit der Heiligen Schrift angewiesen bleibt.

Gottes Geist ist seine Gegenwart in der Person und im Werk Jesu Christi. „Gottes Geist sagt unserm Geist, dass wir Gottes Kinder sind." [Römer 8,16].

Gottes Geist ist niemand anders als Gott selbst. Er ist der Geist des Sohnes und des Vaters. Und folglich kann er gar nicht anders als Jesus Christus zu bezeugen.

Gottes Geist ist niemand anders als Gott selbst. Er ist der Geist des Vaters und des Sohnes. Er ist der Geist Gottes schöpferischer Kraft. Er ist der Geist, der die Grenzen überwindet, der Gottes Wort den Menschen verständlich macht über Sprachgrenzen hinweg [Apostelgeschichte 2]. Gottes Geist löst aus den Erstarrungen, in die wir uns aus Angst und Unsicherheit geflüchtet haben. Gottes Geist ist es, der die Kirche erneuert. Die Sprache des Geistes Gottes ist auch der Lobgesang, die Musik, die die Worte übersteigt, sie auslegt, sie in Beziehung bringt zu den Gefühlen des Herzens. Im Lob bringt er sich in Erinnerung: *„Lobe den Herrn, meine Seele und vergiss nicht, was Er dir Gutes getan hat"* [Psalm 103,2].

Gottes Geist ist Gott selbst, indem er sich den Menschen eindeutig macht. Wenn Gottes Geist die Schrift nicht öffnet, bleibt sie uns verschlossen. Wenn Gottes Geist das Herz nicht rührt und den Verstand nicht klärt, wie sollte es zum Glauben und zu Gemeinde kommen? Der Gegensatz von Geist und Buchstabe kann nur von Gott selbst durch seinen Geist überwunden werden. Wo Gottes Wort, wo die Bibel geistlos verstanden wird, da wird sie bestenfalls zu einem Buch ethischer Anweisungen, das die Menschen völlig überfordern muss. Gottes Geist lehrt, zwischen Gesetz und Evangelium zu unterscheiden. Er erfüllt den Buchstaben mit

Geist, dass Menschen aus der Bibel das Evangelium für sich und die Welt hören und annehmen können.

4.1. Ich glaube die heilige, allgemeine, christlichen Kirche

In den altkirchlichen Bekenntnissen wird die Kirche innerhalb des 3. Glaubensartikels benannt. Ich glaube an den Heiligen Geist. Ich glaube die Kirche. Kirche ist also nach christlichem Verständnis kein Verein, zu der sich Menschen zusammengeschlossen haben, um ihre religiösen Gefühle und Interessen zu pflegen. Kirche ist ein Ereignis des Heiligen Geistes und nur mit ihm zusammen zu verstehen. Es geht hier nicht um den Glauben an die Kirche, so, als ob die Kirche an sich neben Gottes Heiligen Geist noch eine eigene Würde und eine eigene Existenz hätte. Das hat die Kirche nicht. Sie ist, wo Gott redet. Sie ist, wo Menschen Jesus Christus zu glauben beginnen. Sie ist, wo Gottes Geist Menschen dazu befähigt, füreinander einzustehen.

Das ist nach dem biblischen Zeugnis sachgemäß. Die Gemeinde Jesu Christi ist das Geschöpf des Wortes Gottes. Sie ist das Ereignis des Heiligen Geistes. Er fügt Menschen unterschiedlicher Herkunft aus der Judenheit und aus der Welt der Heidenvölker zum Leib Christi zusammen. Weil die Kirche das Geschöpf des Wortes und des Geistes Gottes ist, darum ist sie heilig, weil nur einer der Herr der Gemeinde ist [1. Korinther 12,1], weil nur die eine Taufe Menschen in den Leib Christi einfügt [Epheser 4,5] , ist sie allgemein, und christlich ist sie insofern sie Jesus Christus als den Herrn der Welt und den Messias Israels bekennt.

Die konkrete Gestalt der Kirche haben die Bekenntnisse der Antike nicht gesondert thematisiert. Die Entwicklung von der urchristlichen Jüngergemeinde hin zu einer durch den monarchischen Episkopat bestimmten Reichskirche beginnt sich schon in der nachapostolischen Zeit abzuzeichnen. Als die christliche Kirche auf dem Weg zur Staatskirche eine mehr und mehr beherrschende Stellung in Staat und Gesellschaft anstrebte, war eine monarchische und zentral bestimmte Organisationsform nur konsequent. Am Ende stand der monarchische Episkopat des Papstes, dessen bis 1871 theologisch immer weiter verfestigt und ausgebaut wurden. Daneben hat es in der Kirchengeschichte aber auch immer Widerstand gegen die monarchisch bestimmte Kirchenorganisation gegeben. So haben sich die Kirchen im Osten des Römischen Reiches durchaus anders entwickelt. Hier blieben die verschiedenen Patriarchate bestehen, ohne dass sie sich alle einer zentralen Kirchenbehörde unterworfen hätten. Im Westen dagegen haben sich immer wieder

Gruppen von der Kirche abgespalten . Diese Spaltungen sind aber in der Regel nicht über eine Generation hinaus wirksam geblieben. So sind die *„Katharer"*, eine strenge Kirchengemeinschaft, die sogar den Papst zu einem Kreuzzug provozierte, am Ende des 13. Jahrhunderts untergegangen. Den *„Waldenser"*, einer vorreformatorischen Bewegung in Südfrankreich und in Norditalien ist es gelungen, in den piemontesischen Tälern zu überleben, bis sie sich im 16. Jahrhundert der Reformation anschlossen. Es war in der Kirchengeschichte die besondere Ausnahme, dass eine von Rom getrennte Kirche lange Zeit hindurch überleben konnte.

Bis zur europäischen Reformation im 16. Jahrhundert war die Bindekraft der Großkirche so gewaltig, dass alle lautwerdenden Zweifel, ob diese Kirche wirklich die geschwisterliche Gemeinschaft der Kirche Jesu Christi sei niedergehalten und unterdrückt werden konnten. Noch zu Beginn des 15. Jahrhundert war *Jan Hus* auf dem Konzil zu Konstanz verbrannt worden, weil er auf einer umfassenden Reformation der Kirche bestand und der Bibel eine größere Autorität als dem Papst zugestehen wollte.

Mit der Reformation in Wittenberg, in Straßburg und in der Schweiz begann im 16. Jahrhundert ein grundsätzlich neues Nachdenken über die Kirche, ihre Würde und ihre Grenzen. Martin Luther und die anderen Reformatoren haben den fundamentalen Schaden der Kirche darin erkannt, dass die mittelalterliche, römische Kirche ihre geistliche Macht so ausgelegt hat, dass ihre geistliche Vollmacht sie über das Zeugnis der Bibel erhebt. Die Reformatoren haben kritisiert, dass die römische Kirche in der Feier der Eucharistie, so wie sie auf dem 4. Laterankonzil [1215 in Rom] festgelegt worden war, sich selbst mit der Macht Christi ausgestattet hat. Die Kirche hat sich in die Macht eingesetzt, Brot und Wein in Leib und Blut Christi zu verwandeln, und sie hat für sich geltend gemacht, den *thesaurus ecclesiae*, den Schatz Christi und aller Heiligen zu verwalten und dass darum auch in der Lage war, durch den Verkauf von Ablassbriefen die zu erwartenden Sündenstrafen ab-zu-lassen.

Von daher kommt die lutherische Reformation im VII. Artikel des Augsburgischen Bekenntnis von 1530 zu dem Satz:

Die Kirche ist die Versammlung der Heiligen, in denen das Evangelium rein gelehrt und die Sakramente stiftungsgemäß verwaltet werden

Est ecclesia congregatio sanctorum, in qua evangelium pure docetur et recte administrantur dacramenta

Confessio Augustana VII

Entscheidend ist, dass das Augsburgische Bekenntnis nicht die Kirchenorganisation für entscheidend hält, sondern die Verkündigung des Evangeliums und den stiftungsgemäßen Umgang mit den Sakramenten. Kirche ist nicht dort zu finden, wo kirchliche Traditionen gepflegt, kirchliche Formen aufrecht erhalten und kirchliche Riten in ästhetischer Vollendung dargeboten werden. Kirche ist dort, wo Menschen auf Gottes Wort hören.

...denn es weiß gottlob ein Kind von sieben Jahren, was die Kirche sei, nämlich die heiligen Gläubigen und „die Schäflein, die ihres Hirten Stimme hören" [Johannes 10, 3]

Schmalkaldische Artikel 12

So formuliert Martin Luther im 12. der Schmalkaldischen Artikel. Kirche ist die Kirche darin zu erkennen , dass sie zu aller erst hört, bevor sie redet. Sie ist ein Geschöpf des Wortes Gottes und keine Institution, die das Wort Gottes und seine Gnade souverän zu verwalten und auszuteilen hätte. Kirche ist hörende Kirche, oder sie ist nicht Kirche Jesu Christi. Kirche verfügt nicht über eigene Macht du Gewalt. Es stieß auf die erbitterte Kritik Martin Luthers, Huldrych Zwinglis, Martin Bucers und Johannes Calvins, dass der Papst und einige seiner Bischöfe und Kardinäle weltliche Macht ausübten, dass sich als Heerführer und Regenten aufspielten, ohne dieses Handeln der Kritik des Evangeliums zu unterziehen.

Würde die Kirche hören, würde sie sich nicht mit weltlichen Mächten verwechselbar machen. Würde die Kirche auf weltliche Macht verzichten, dann könnte sie glaubwürdig sein. Dann könnte sie denen ins Gewissen reden, die weltliche Macht missbrauchen. Aber so, wie sie sich gebärdet, ist die Kirche selbst in den Missbrauch weltlicher Macht verwickelt.

Der Traum einer *„Reformation der Kirche an Haupt du Gliedern“* ist weder im 15. noch im 16. Jahrhundert nicht in Erfüllung gegangen. Am Ende gab es statt der einen Kirche mindestens drei verschiedene Konfessionen. Auch das *Konzil von Trient [1545-1563]* hatte nicht mehr die Kraft, die Kirche zu einen, zumal es auch dort nicht zu einem Dialog *„auf Augenhöhe“* zwischen der römischen Kirche und den Reformatoren gekommen ist. Je weiter sich das Prinzip der individuellen Verantwortung des Menschen durchsetzte, soweit auch und gerade der Einzelne sich für seinen Glauben verantwortlich sah, desto mehr kirchliche Gruppen spalteten sich ab.

Heute ist die Weltchristenheit eine bunte Vielfalt protestantischer, römisch-katholischer und orthodoxer Kirchen, wobei auch innerhalb der Konfessionsfamilien erhebliche Unterschiede in Theologie und Liturgie, in der Praxis des Glaubens und des Lebens augenfällig sind.

Seit 1948 haben sich viele nicht römisch-katholische Kirchen dem *ökumenischen Weltrat der Kirchen* angeschlossen. Innerhalb des ökumenischen Rates ist das Modell der konziliaren Gemeinschaft entwickelt worden. Während die römisch-katholische die Einheit der Christen nur in der Gemeinschaft aller Kirchen mit und unter dem Apostelamt Petri [Papsttum] vorstellen kann, versucht der Gedanke der konziliaren Gemeinschaft die Einheit der Christen bei Wahrung ihrer Verschiedenheiten zu denken. Wichtig ist, dass die Kirchen Jesu Christi auf der Welt in *versöhnter Verschiedenheit* miteinander leben. Einheit setzt demnach nicht organisatorische kirchliche Einheit voraus. Vielleicht können der Einheit im Geist [Epheser 4, 3] Schritte folgen, die auf organisatorische Einheit drängen, zwingend müssen solche Schritten aber nicht sein.

Die Christenheit hat nach dem Zeugnis der Bibel ihre Einheit in sich, indem sie die vor allem anderen genau die Gemeinschaft ist, die Jesus Christus sich versammelt, schützt und erhält. Sie hat die Einheit vor sich, indem sie Jesus Christus nachfolgt und auf den sichtbaren Anbruch seines Reiches wartet.

4.1.2. Das Amt und die Ämter in der Kirche

Es war eine verhängnisvolle Entwicklung in der Kirchengeschichte des 2. und des 3. Jahrhunderts, dass die Theologie sich von der eher ganzheitlichen griechischen Sprache abwandte und die lateinische Begrifflichkeit in die Theologie einführte. Christlicher Glaube und Kirchenrecht rückten so nahe aneinander heran, dass schließlich das Recht und die Ordnung der Kirche selber Glaubensgut wurde. Davon ist auch der Begriff des *„Amtes"* in der Kirche betroffen.

Wir gehen hier von einer Definition des Amtes aus, die sich vor allem anderen auf die Tätigkeiten bezieht, die für die Gemeinde lebensnotwendig sind, und die sie so zu ordnen hat, dass sie das Leben und den Aufbau der Gemeinde fördern und stärken.

Die Grundfunktionen der christlichen Gemeinde beschreibt Lukas in seinem Bericht über die Jerusalemer Gemeinde der ersten Zeit:

Text:

> Sie blieben aber beständig in der Lehre der Apostel und in der Gemeinschaft und im Brotbrechen und im Gebet. 43 Es kam aber Furcht über alle Seelen, und es geschahen auch viele Wunder und Zeichen durch die Apostel. 44 Alle aber, die gläubig geworden waren, waren beieinander und hatten alle Dinge gemeinsam. 45 Sie verkauften Güter und Habe und teilten sie aus unter alle, je nachdem es einer nötig hatte. 46 Und sie waren täglich einmütig beieinander im Tempel und brachen das Brot hier und dort in den Häusern, hielten die Mahlzeiten mit Freude und lauterem Herzen 47 und lobten Gott und fanden Wohlwollen beim ganzen Volk. Der Herr aber fügte täglich zur Gemeinde hinzu, die gerettet wurden.
>
> Apostelgeschichte 2,42-47

Zweifellos ist diese Darstellung idealisierend. Sie beschreibt die Anfänge der Gemeinde nahezu paradiesisch, wohl auch, um die Zeitgenossen daran zu erinnern, wie Kirche und Gemeinde auch in der Gegenwart leben könnten. Was die

Gemeinde über die idealisierende Darstellung hinaus ausmacht wird dennoch deutlich

- Auslegung der Schrift und Verkündigung [die Lehre der Apostel] begleitet durch Zeichen und Wunder
- Gemeinschaft [gemeinsames Leben und Teilen], „Liebeskommunismus", Diakonie
- Feier des Abendmahles in den Hausgemeinschaften
- Lob Gottes

Um diese Grundfunktionen auch über die Zeit der ersten Begeisterung hindurch aufrecht erhalten zu können, sind Institutionen nötig, die ein Handeln auf Dauer gewährleisten.

> Wenige Kapitel nach seiner Beschreibung der Urgemeinde in Jerusalem berichtet Lukas von den Schwierigkeiten, die sich mit der Versorgung der griechischen Witwen ergeben. Um eine gleichmäßige und gerechte diakonische Versorgung zu gewährleisten, schafft sich die Gemeinde das Diakonat, das von sieben vertrauenswürdigen Gemeindegliedern wahrgenommen wird. [Apostelgeschichte 6]. Sie werden unter Gebet und Handauflegung für ihren Dienst „ordiniert".

In den späteren Briefen des Neuen Testaments wird deutlich, dass in den Gemeinden die gottesdienstlichen und die Leitungsfunktionen ebenfalls institutionalisiert sind. Die Notwendigkeit hierzu ergab sich aus der Tatsache, dass die ersten Zeugen Jesu Christi nach und nach starben und die Kontinuität der Verkündigung und des Lebens der Gemeinde aufrecht erhalten werden musste. Im Wesentlichen bildeten sich dabei zwei Leitungsfomen heraus

- die presbyterial – synodale Gemeindeverfassung
- die episkopale Gemeindeverfassung

In den Gebieten, die von der jüdischen Tradition geprägt waren, bildeten sich eher gemeischaftliche Leitungsstile heraus, während in Gegenden, in denen die römische Kommunalverfassung vorherrschte, konzentrierte sich die Leitungsgewalt eher in einer Hand. Eng verbunden mit der episkopalen Gemeindeverfassung ist auch die Vorstellung von der „Apostolischen Sukzession“. Die geistlichen und die Leitungsfunktionen der Kirche sollten streng in der Nachfolge der Jesu und der Apostel bleiben. Hatte Jesus seine Jünger berufen und ihnen den Auftrag zur Verkündigung gegeben, so geht dieser Auftrag von den Jüngern zu den Bischöfen der nächsten Generation. Je mehr sich die Kirchenleitung im westlichen römischen Reich auf den Bischof von Rom konzentrierte, umso mehr sah man in ihm auch den Garanten für die Apostolizität der Kirche. Die Kirche bleibt ihren Ursprüngen verbunden, weil die Kette der Überlieferung du der Ordination ununterbrochen auf Petrus und Jesus zurückgeht. Gültige Nachfolge Jesu und der Apostel ist dort, wo der Papst oder die von ihm eingesetzten Bischöfe geprüfte und bewährte Männer zu Priestern weihen. Und alles, was an wichtigen geistlichen Funktionen [Verkündigung und Spenden der Sakramente] ist der Kirche geschieht, ist nur dann gültig, wenn es von gültig geweihten Priestern vollzogen wird.

Dieses Amtsverständnis haben die Reformatoren kritisiert. Ihr Vorwurf war vor allem der, dass die rein historische Kette der geistlichen Überlieferung und die apostolische Sukzession der Priester nicht dafür garantiert, dass die Kirche bei der Sache bleibt. Formale Bestimmungen reichen nicht aus. Als besonderen Skandal empfanden es Luther, Calvin und die anderen Reformatoren, dass in der Person des Papstes und der Bischöfe weltliche und geistliche Machtansprüche durcheinander gingen, dass sie ihre geistliche Macht missbrauchten um sich durchaus weltliche Vorteile zu verschaffen.

Ob Lehre und Leben der Kirche ihrem Auftrag folgen, kann sich nur am Zeugnis der Bibel erweisen und an ihm messen lassen. Die evangelischen Kirchen setzen auf eine inhaltlich bestimmte apostolische Sukzession, nicht auf eine formale. Apostolisch ist die Kirche dann, wenn sie dem Zeugnis der Bibel folgt. Apostolisch ist sie, wenn sie ihre Aufträge, die sie zu vergeben hat, an die Heilige Schrift bindet.

> Während in der Tradition der lutherischen Kirchen das Bischofsamt weithin beibehalten wurde als ein Amt der Einheit und der Aufsicht über Lehre und Leben der Gemeinden, wurde die Gemeindeleitung in den reformierten Gebieten Frankreichs, der Schweiz und auch in Teilen Deutschlands von Gremien wahrgenommen. Die Gemeinde wird von dem gewählten und berufenen Presbyterium geleitet, in dem der Prediger nur einer unter mehreren ist. Neben dem Amt des Predigens und der Sakramentsverwaltung führte Johannes Calvin im Anschluß an

den 1. Korintherbrief und den Epheserbrief das Amt der Presbyter ein [Älteste], das Amt der Diakonen und das Amt der Lehrer. Diese vier Ämter zusammen – später hat man in dem Amt der Prediger und der Lehrer ein Amt gesehen – bilden die Leitung der Gemeinde. Die Besetzung der Ämter geschieht durch Wahl und Berufung, und vor allem geschieht sie auf Zeit. Die Amtsträger haben über ihre Funktionen hinaus keine besondere geistliche Qualität oder Würde, die sie über die übrigen Gemeindeglieder stellen würde.

Aus heutiger Sicht scheint die Ämterlehre der schwierigste Punkt zu sein, der ein ökumenisches Miteinander von römisch-katholischer Kirche und evangelischen Kirchen erschwert. Da nach römisch-katholischer Auffassung nur dort recht das Abendmahl gefeiert werden kann, wo ein gültig geweihter Priester die Gaben konsekriert, kann das Abendmahl nach evangelischer Weise für die römisch-katholischen Geschwister nicht gültig sein.

Exkurs 6 Die sichtbare und die unsichtbare Kirche

Die Unterscheidung von sichtbarer und unsichtbarer Kirche ist für die Ekklesiologie [Lehre von der Kirche] entscheidend. Sichtbar an der Kirche ist ihre äußere Gestalt. Sichtbar sind die kulturellen Zeugnisse, die sie im Lauf der Geschichte zurückgelassen hat. Die Kirche ist sichtbar in ihren Gebäuden. Die Kirchengebäude spiegeln auf ihre Weise durch die Jahrhunderte auch die Theologie der Kirche.

> In der Zeit der Romanik versuchten die mittelalterlichen Baumeister ihre ganze Sicht der Welt auszudrücken. Der Osten des Gebäudes empfängt das Licht, wie Christus, das Licht der Welt von den Seinen empfangen wird. Der Westen des Gebäudes ist der Bereich der weltlichen Macht, des Kaisers und der Fürsten. Für die Menschen dieser Zeit ist der Kirchbau ein Abbild der Weltordnung.
>
> Später, in der Zeit der europäischen Gotik wird der Kirchbau ein Abbild des himmlischen Jerusalems. In der Kirche und ihren Gebäuden wird das Ziel der Geschichte, der neue Himmel und die neue Erde erfahrbare Wirklichkeit.
>
> Im Barock versucht die römisch-katholische Kirche auf die reformatorischen Anfragen zu reagieren, indem sie den Himmel gleichsam auf die Erde holt. Das Kirchgebäude soll die Menschen in die himmlische Herrlichkeit versetzen und damit darauf beharren, dass die Seligkeit des Menschen nur durch die Vermittlung der Kirche und ihrer Sakramente zu erlangen ist.
>
> Der Kirchbau im Umfeld reformatorischer Frömmigkeit gestaltet sich als Raum der hörenden und empfangenden Gemeinde. Kanzel und Altar sind streng aufeinander bezogen, oft so angeordnet, dass sich die Gemeinde um Kanzel und Abendmahlstisch herum im Halbkreis versammelt. Wichtig ist, dass alle nicht nur sehen, sondern auch hören, was geschieht. Und es ist augenfällig, dass die gottesdienstlichen Bauwerke vor allem der französisch - reformierten Christen an die späteren parlamentarischen Bauten erinnern. Im Hören ist die Gemeinde geeint. Das gemeinsame Hören kennt keine Unterschiede des Ranges und des Standes. Vor Gott gilt kein Ansehen der Person [Römer 2, 11].

Aber auch wenn der Kirchbau und die Verfassung der einzelnen Kirchen Rückschlüsse auf das Kirchenverständnis der jeweiligen Kirche zulassen: wer endlich und letztlich zur wahren Kirche Gottes gehört, das ist menschlichem Erkennen verborgen. Der Glaube entzieht sich menschlichem Erkennen. Frömmigkeit kann höchst eigennützige Interessen verfolgen. Ein demonstratives Reden von Gott kann auch dazu führen, dass Menschen auf die Parolen von Gruppen hereinfallen, die ganz andere Interessen haben als dass sie dem Reich Gottes dienen wollen.

Menschen können viele Masken tragen. Auch die Frömmigkeit kann eine Maske sein, hinter der sich andere Interessen verbergen. Menschlichem Erkennen bleiben die wirklichen Motive menschlichen Handelns verborgen. So kann auch niemand – kein Mensch, keine Kirche, keine weltliche Macht bestimmen, wer auf die Seite Gottes gehört und wer nicht. Das Urteil über menschliche Aufrichtigkeit ist den Menschen und auch dem, den es betrifft auch, verborgen.

Die Glieder der *„wahren Kirche"* sind den Menschen unbekannt. Es gibt keinen allgemeingültigen und erkennbaren Maßstab, an dem sich Glaube und Unglaube für alle erkennbar unterscheiden ließe.

Dennoch kann die Unmöglichkeit, die wahren von den falschen Christen zu unterscheiden, nicht dazu führen, dass Christen und Kirchen achselzuckend auf jede Positionsbestimmung der Kirche verzichten.

Immerhin ist es die sichtbare Kirche, die bei all ihrer Schwäche dafür sorgt, dass das Evangelium von Jesus Christus verlässlich den Menschen weitergesagt wird, dass die Gemeinde Taufe und Abendmahl miteinander feiert und dass sie in der Welt Zeichen der Barmherzigkeit Gottes aufrichtet und sich den Menschen zuwendet, die Hilfe der unterschiedlichen Art brauchen.

Auch wenn die sichtbare und die unsichtbare Kirche unter den Bedingungen der noch nicht erlösten Welt niemals deckungsgleich werden können, so wird doch die *„unsichtbare"* Kirche immer darauf drängen, dass sie sichtbar wird, dass die *„sichtbare"* Kirche bei ihrer Sache bleibt und auf die Stimme derer hört, die sie zur Umkehr ruft.

Exkurs 7 Der Heilige Geist und die Musik

In der Kunst entfalten die Menschen ihre geschöpflichen Möglichkeiten über das alltägliche Maß hinaus. In der Kunst finden besonders begabte Menschen eine Sprache, die von vielen verstanden, aber die so nur von wenigen gesprochen wird. Kunst vermag Sprache zu verdichten, Farben und Formen in erstaunliche Zusammenhänge stellen und in dem sie abbildet, den Blick für das wesentliche zu öffnen, das oft hinter dem sichtbaren erkennbar wird. Im künstlerischen Erleben sind Menschen ganz außer sich und ganz bei sich. Manchmal gelingt es Künstlern, die chaotische Welt für einen Moment zu ordnen, für einen Moment Heimat und Geborgenheit zu vermitteln, wo sie sich sonst fremd fühlen und heimatlos. Die Musik ist Kunst. Sie schwingt und sie versetzt Menschen in Schwingungen. Sie geht zu Herzen und zu Gemüt. Sie kann zur Ekstase führen und zum Schweigen. Wenn sie sich mit Worten verbindet, kann sie den Worten Tiefgang verleihen. Sie kann sie erheben und stürzen

Es ist nicht erstaunlich, dass in den Völkern der Welt der Ursprung der Musik direkt auf Götter oder auf göttliche Mächte zurückgeführt wird: Pan, der Waldgott, der die Hirten in der Mittagshitze erschreckt, gilt als der Gott, der die Flöte spielt. Apoll erfand die Cythara, als er einen Schildkrötenpanzer mit klingenden Saiten bespannte. Die Macht der Musik besingt eindrucksvoll der Mythos von Orpheus, dem Sänger, der mit seinem Gesang selbst Steine zum Weinen bewegen konnte.

Auch in Israel weiß man um die Gabe und um die Kraft der Musik. Im Buch der Psalmen ist der Liedschatz des Volkes Gottes dokumentiert. Das Lied ist die authentische Weise des Lobes Gottes. David, der große König, ist zugleich der große Sänger. Im Tempel in Jerusalem und am Königshof sind Musiker angestellt. In ihnen wird das Lob Gottes zur kultischen Institution. In Israel erinnert man sich an David, der mit seinem Gesang die bösen Geister der Depression vertrieb, und König Saul fasste wieder Lebensmut. Die großen Taten Gottes werden von Musik begleitet und in Musik erinnert. „Singet Gott, dem Herrn: Denn er hat eine große Tat getan. Ross und Wagen hat er ins Meer gestürzt!“ – so besingt Mirjam, die Schwester des Mose das Wunder vom Schilfmeer [2. Mose 15, 20-21]. Hanna, die Mutter des Samuel besingt den Gott, der ihr, der Unfruchtbaren, dieses Kind geschenkt hat [1. Samuel 2, 1-11]. Maria singt ihr Magnificat zum Lobe des Gottes der zur Welt kommen will [Lukas 1, 46-56]. Der alte Priester Zacharias tut es ihr gleich [Lukas 1, 67-79]. Die Engel singen von der Geburt des Kindes in der Höhle von Bethlehem [Lukas 2, 14], und die Gemeinde der Christen besingt den Herrn, der aus dem Himmel auf die Erde kam, der gehorsam blieb und den Gott von den Toten auferweckte. [Philipper 2, 5-11]. Musik ist aber nicht nur Lob. Wie das Leben auch die Tiefen durchleben muss, so gibt die Musik auch der Klage ihre Sprache. David betrauert Saul und Jonathan mit einem bewegenden Klagegesang [2. Samuel 1, 17-27]. Israel betrauert sein babylonisches Exil mit bitteren Worten [Psalm 137].

Anders als in anderen Kulturen ist in Israel die Musik wohl in den kultischen Vollzügen und in der privaten Frömmigkeit unverzichtbar, aber sie ist darum nicht von göttlicher Qualität. Musik gehört zu den wunderbaren Gaben der Schöpfung Gottes – aber sie überschreitet die geschöpfliche Größe selbst nicht.

> Zu Beginn des 19. Jahrhunderts formulierten Johann Heinrich Wackenroder und Friedrich Tieck die Grundlagen einer *„Kunstreligion“*. Im romantischen Lebensgefühl wird die Kunst selbst zur Religion. Für den jung verstorbenen Wackenroder war die „Sixtinische Madonna“ von Raffael das Kunstwerk par excellence. Der Kunstgenuss wird zum religiösen Erlebnis. In der Konsequenz werden die Museen zu Gottesdienststätten. Ähnliches ließ sich ohne Schwierigkeit auf die Musik übertragen. Die Wirkung, die diese Art der „Kunstreligion“ in der Bürgerlichen Gesellschaft entfaltet hat, wirkt bis heute nach. Der „Genuss“ bestimmter Kunstwerke wird zum religiösen Erlebnis. Auf besondere Weise hat es Richard Wagner verstanden, seine Musik religiös in Szene zu setzen. Noch immer versammelt sich Jahr für Jahr die „Gemeinde“ der Wagnerianer auf dem „Grünen Hügel“ in Bayreuth, um diesen Kult zu erleben und mit zu gestalten.

Evangelische Kirchenmusik wird der Versuchung wehren, sich selbst als göttlich zu verstehen. Sie wird niemandem bestreiten, dass Musik „religiöse Gefühle“ hervorzurufen in der Lage ist. Das Wesen der Kirchenmusik besteht darin, dass sie sich in den Gottesdienst der Gemeinde einordnet, dass sie musikalische Begabungen sucht und fördert, dass sie sich beteiligt an den anderen Lebensäußerungen von Kirche und Gemeinde. Sie hat ihren hervorragenden Platz, wenn es um die Pflege des kirchenmusikalischen Erbes in einer dem Evangelium weithin entwöhnten Öffentlichkeit geht. Ebenso hat sie ihren festen Ort in der Unterweisung, auch in der Mission und der Evangelisation. Dabei wird sie die geschöpfliche Grenze der Musik achten. Sie wird immer zu unterscheiden wissen zwischen der Wahrheit Gottes und dem musikalischen Erlebnis.

Wie die Kirche selbst, so gehört auch die Musik in den 3. Glaubensartikel. Nach der Auffassung des Apostel Paulus ist es der Geist, der unserem Geist bezeugt, dass wir Gottes Kinder sind, der Heilige Geist, der uns Ohren und Herzen öffnet und der uns überhaupt erst fähig macht, Gott zu loben. Dabei ist Gott immer größer als seine Kirche und die Kraft des Geistes reicht weit in Bereiche hinein, in denen man sie nicht vermuten würde. Wenn Musik Verkrampfungen löst, kann sie dann ganz geistlos sein? Wenn Musik Menschen zusammenführt, wenn sie Ausdruck der Liebe wird, die Sehnsucht nach Frieden und Versöhnung artikuliert – kann sie dann völlig fern von Gott sein?

> In dem sehenswerten Film *„Vaya con Dios“* von Zoltan Spirandelli geht es um eine kleine Gruppe von Mönchen, die dem – leider erfundenen - Orden der „Kantorianer“ angehören. Längst sind sie exkommuniziert worden, weil sie Glauben, dass der Heilige Geist Gesang ist, und dass im Gesang die Menschen zu Gott kommen ohne die vermittelnde Kraft einer Kirche. Und obwohl die verbliebenen 3 Mönche allein nicht mehr singfähig sind und sie nur die einzige Chance haben, nach Italien in das Ursprungskloster zurückzukehren, ist der Rektor des Jesuitenkonventes eifrigst darum bemüht, die Ordensregel in die Hände zu bekommen, um dieser Ketzerei den Garaus zu machen. Der Heilige Geist ist Gesang – das ist eine kühne und so nicht durchhaltbare These, die vergisst, dass auch der Gesang – wie alle geschöpflichen Gaben – missbrauchbar ist. Auf der anderen Seite kann diese kühne These auch den Blick dafür weiten, dass das Wirken des Heiligen Geistes nicht auf den Raum der Kirche und der Gemeinde beschränkt ist.

Es gibt Musik, die in Wort und Klang, in Rhythmus und Harmonie Gott lobt. Und wo sie sich in den Rahmen des gottesdienstlichen Lebens der Gemeinde einfinden kann, wird sie dort ihren Ort finden. Nicht alle Musik, in der Gott ausdrücklich zur Sprache kommt, muss Kirchenmusik sein. Nicht jede Musik findet ihren Ort im Gottesdienst, aber es gibt in Kirche und Gemeinde genügend andere Orte, wo auch sie zu Ehren kommt und auf den hinweist, dessen Geschöpf auch sie ist.

Eines hat die Musik anderen Künsten voraus: sie ist Kunst, die von der christlichen Gemeinde gemeinsam gestaltet wird. Der Choral, das Kirchenlied ist die Urform der Kirchenmusik. Wo sie erklingt, da gilt Martin Luthers Wort aus seiner Predigt zur Einweihung der Schlosskapelle in Torgau am 5. Oktober 1544, dass das Kirchgebäude das Haus sei „denn dass unser lieber Herr mit uns rede durch sein heiliges Wort und wir wiederum mit ihm reden durch Gebet und Lobgesang." Es ist evangelische Grundauffassung von Kirchenmusik, dass sie in erster Linie Beteiligungsmusik der Gemeinde ist und nicht Darstellungsmusik von professionellen Musikern, bei der die Gemeinde lediglich als Publikum anwesend ist.

> Der Hallenser Propst und Theologieprofesor Julius Schniewind (1883-1948) hat darauf hingewiesen, dass der Gesang und auch die instrumentale Musik der Kirche sich in dem Feld bewegen, das das Neue Testament als „Zungenrede“ beschreibt. Zungenrede ist ein religiös-ekstatisches Phänomen, in denen Menschen eine ihnen selbst unbekannte Sprache sprechen und dabei in Verzückung geraten. Paulus setzt sich mit diesem Phänomen im 12. Kapitel des 1. Korintherbriefes kritisch auseinander. Er erkennt die Zungenrede durchaus als Gabe des Heiligen Geistes an, drängt aber darauf, dass sie in der Gemeinde übersetzt werden soll, damit die Gemeinde auch „versteht“. Der Beschreibung der Musik als eine Art von Zungenrede trifft zu, als die Musik als Gabe des Geistes ihre eigene „Grammatik“ und „Rhetorik“ hat, die nicht jedem unmittelbar verständlich ist. Die Beschreibung der Musik als Zungenrede trifft insofern nicht zu, als Musik kaum in Sprache „übersetzt“ werden kann. Wenn es sich bei der Kirchenmusik allerdings um die Vertonung von sprachlichen Texten handelt, dann sollte die Gemeinde verstehen können. Zumindest sollte ihr ein Textblatt mit Übersetzung zuhanden sein.

Kirchenmusik beginnt mit dem Gemeindegesang und sie zielt auf das Gotteslob der versammelten Gemeinde, ja auf das universelle Gotteslob der Schöpfung [Philipper 2,11]. Wenn der Gesang Wirkung des Heiligen Geistes ist, dann wird der Geist sich auch in den Worten und in den Melodien der Kirchenlieder zu Wort melden. So baut der Geist auch Gemeinde Jesu durch die Musik. Indem der Geist Gottes Menschen zum Singen befähigt, geschieht Gemeindeaufbau. Und dann werden sich auch Menschen finden, aus dem Gemeindegesang heraus auch an den anderen musikalischen Kreisen und Ereignissen nach Kräften mitwirken.

4.3. Taufe und Herrenmahl – die Lebenszeichen der Kirche

So wie die Kirche den Auftrag hat, das Wort Gottes weiterzusagen, so hat sie ebenfalls den Auftrag, mit den Zeichen zu leben, die Jesus Christus ihr anvertraut hat. Es sind nach evangelischem Verständnis die beiden Zeichen der Taufe und des Abendmahls. In der Sprache der lateinischen Kirchen werden diese Zeichen seit Tertullian [um 160 – nach 220] als „Sakramente“ bezeichnet. Das Neue Testament kenn den „Begriff“ Sakrament nicht. In der griechischen Sprache steht dafür das Wort mustjrion [Mysterion], was viel weniger einen konstatierbaren Sachverhalt als ein Geschehen beschreibt, das seinen Ursprung in Gott selbst hat.

> Sacramentum [lat. Fahneneid] war in der antiken Rechtspraxis das Geld, das man bei Prozessbeginn an einem „heiligen Ort“ hinterlegte und das bei Verlust des Prozesses den Göttern zufiel. Insgesamt bedeutet Sakrament in der Spätantike dann einen Weiheakt.
>
> In der evangelischen Kirche werden mit dem Wort Sakrament die beiden Zeichen beschrieben, die Jesus eingesetzt, hat und die er seinen Jüngern auftrug, sie weiter zu feiern und lebendig zu halten.
>
> Nach dem Schriftbefund haben Luther und die anderen Reformatoren an der Taufe und der Feier des Herrenmahles festgehalten. Für sie trafen die Bedingungen zu, dass sie von Jesus Christus eingesetzt und mit einem Wiederholungsbefehl ausgestattet wurden.
>
> In den orthodoxen und vor allem in der römisch-katholischen Kirche sind neben diesen beiden weitere Zeichen als Sakramente anerkannt: Die Beichte, die Firmung, die Ehe, die Priesterweihe, und die Krankensalbung. Sie werden [bei Taufe und Ehe kann es Ausnahmen geben] dann gültig gespendet, wenn ein mit der Weihe versehener Priester – oder wie bei der Firmung ein Bischof - die entsprechenden Handlungen vollzieht. In den orthodoxen Kirchen ist die Definition nicht so streng. Dort steht man eher in der griechischen Sprachtradition.

Taufe und Abendmahl sind Lebenszeichen der Kirche. Sie kommen von Christus her und weisen auf Christus hin. Wie die Geistesgegenwart der Kirche in der Weitergabe des Wortes verheißen ist, so gilt das in besonderer Weise auch für die Sakramente. Das Sakrament – so der Kirchenvater Augustinus - ist sichtbares Wort [verbum visibile], das dem hörbaren Wort *[verbum audibile]* an die Seite tritt. Das

Sakrament sagt nichts anderes als das Wort Gottes sagt, aber mit dem Wort zusammen bekräftigt es dieses und spricht es dem einzelnen Gemeindeglied zeichenhaft zu.

Exkurs 8 Die Taufe

Die Taufe ist der Initiationsritus der Christlichen Gemeinde. In der Taufe wird ein Mensch zu einem Christen. Der Vollzug des Zeichens begründet die Zugehörigkeit zu der Gruppe von Menschen, die von Christus zur Gemeinde gerufen sind. Seit den Zeiten der Urkirche wird die Taufe in der Christenheit praktiziert. Sie hat dabei manche äußerlichen Wandlungen in ihrem rituellen Vollzug erfahren – im Kern ist sie bewahrt worden.

> Der Ursprung des Taufritus liegt im Dunkeln. Es ist nicht sicher, ob sie auf jüdische Reinigungsriten zurückgeht oder auf Vorbilder in den Religionen Kleinasiens. Entscheidend ist, dass die Taufe von Johannes dem Täufer am Jordan als Zeichen der Buße und der Vorbereitung auf das Reich Gottes vollzogen wurde. Jesus selbst läßt sich im Jordan von Johannes taufen und stellt sich damit selbst in diese Vorbereitung auf das kommende Reich Gottes. Von seinem Bildgehalt her ist die Taufe eine Waschung, ein Reinigungsritus. Das alte Leben ohne Christus wird gleichsam abgewaschen. Ebenso ist die Taufe auch das Zeichen der Rettung aus Lebensgefahr [ein Kind wird aus der Taufe gehoben und damit vor dem Ertrinken bewahrt].

Es wird selten bezweifelt, dass die Taufe in den ersten 3 Jahrhunderten der Kirche vornehmlich als Erwachsenentaufe geübt wurde. Wer zur Gemeinde der Christen gehören wollte, der hatte sich eine Zeitlang dem Katechumenat [Unterweisung] zu unterziehen, bevor er dann in der Osternacht nach dem öffentlichen Glaubensbekenntnis getauft wurde. Mit der Taufe war auch die Zulassung des Abendmahls verbunden.

Als die christliche Kirche zur Reichskirche wird, begründet die Taufe sozusagen auch das Bürgerrecht im christlichen Staat. Folglich wurden von jetzt an vornehmlich die Säuglinge – oft bereits am Geburtstag oder am Tag danach getauft. Da Säuglinge weder unterwiesen werden können, noch ein eigenes Glaubensbekenntnis ablegen können, wurden Paten bestellt, die mit dafür Sorge zu tragen hatten, dass das Kind im christlichen Glauben aufwächst und so später zu einem selbstverantworteten Glauben zu Christus kommen kann.

Die Reformation hat in ihren Hauptströmungen die Säuglingstaufe übernommen, allerdings mit der theologischen Begründung, dass die Taufe sinnenfällig macht, dass Gott sich zu einem Menschen stellt, bevor der sich zu ihm stellen kann. Die Taufe ist also das Zeichen der bedingungslosen Gnade und Freundlichkeit Gottes. Aber auch diese Taufpraxis setzt voraus, dass das Kind in der Gemeinde aufwächst und dort Hilfe und Unterweisung erfährt. Die Konfirmation soll dann der Akt des „nachgeholten" Taufbekenntnisses sein. Dort wird dann auch die Zulassung zum Abendmahl ausgesprochen.

Die Täuferbewegungen der Reformationszeit und vor allem die baptistischen Gemeinden und Kirchen haben die Lehre von der Kindertaufe als häretisch [nicht glaubensgemäß] abgewiesen. Für sie ist das selbstverantwortete Glaubensbekenntnis des einzelnen Menschen konstitutiv für die Taufe. Ein Taufe, die ein Mensch nicht selber begehrt, zu der er sich nicht selber bekennt, kann nicht gültig sein. Die Säuglingstaufe der Landeskirchen wird von baptistischen Gemeinden nicht anerkannt. Und wer sich einer baptistischen Gemeinde anschließen will, der wird dort um die Taufe bitten und auch unbeschadet seiner Säuglingstaufe getauft werden, so er die gegebenen Voraussetzungen erfüllt.

Es gibt gute theologische Gründe, die Säuglingstaufe abzulehnen. Der Täufling selbst erlebt seine Taufe nicht bewusst mit. Sie ist nicht Teil seiner bewussten Biographie. Die Frage ist auch, ob die Paten und auch die Gemeinden dazu in der Lage sind, das Versprechen einzulösen, das sie mit der Säuglingstaufe geben: das Kind, seine Eltern und Paten zu begleiten und zu unterweisen. Und was ist, wenn der als Kind getaufte Mensch sich als Erwachsener sich gegen seine Taufe entscheidet?

Es gibt aber auch gute theologische Gründe, die Säuglingstaufe weiter zu praktizieren. Der Heidelberger Katechismus weist darauf hin, dass die Taufe das Bundeszeichen des „Neuen Bundes" ist, so wie die Beschneidung das Zeichen des Bundes Gottes mit Israel. Dieses Bundeszeichen hängt nicht an menschlichen Entscheidungen und Bedingungen. Von Gottes Seite her ist der Bund geschlossen und besiegelt. Denn das ist die Gefahr einer Taufpraxis, die nur die Erwachsenentaufe gelten lässt, dass dort bestimmte Verhaltensweisen und Sprachformen zur Bedingung der Taufe gemacht werden. Die Gemeinschaft, der die Taufpraxis so wichtig gewesen ist, dass sie sich um ihretwillen von der evangelischen Kirche getrennt hat, wird innerhalb ihrer Reihen einen gewissen Anpassungsdruck ausüben. Ob das immer zu einer „freien" Entscheidung führt.

Es gibt gute Gründe für die Erwachsenentaufe, und es gibt gute Gründe für die Säuglingstaufe. Und es ist sachgemäß, dass in der evangelischen Kirche beide Formen geübt werden. In jeder Kirche und Gemeinde kann es geschehen, dass die Taufe unter die Räder einer gedankenlosen Praxis oder einer starren Theologie gerät. Es ist in jedem Fall wichtig, darauf zu achten, dass die Gemeinden hier ihre Aufgabe sehen und Verantwortung bewusst übernehmen.

Daneben ist es auch möglich, Kinder zu taufen. Im Kindergarten, manchmal auch in der Schule und gewiss in der Christenlehre geschieht Unterweisung und Einübung ins christliche Leben. Warum sollen Kinder in diesem Alter nicht auf die Taufe vorbereitet werden, dass sie so ihre Taufe als ein wichtiges Ereignis ihrer eigenen Lebensgeschichte erinnern können.

Es ist zwischen den großen Kirchen unstrittig, dass die Taufe gegenseitig anerkannt wird. Dieses wurde in einer gemeinsamen Feier verschiedener Konfessionen und Freikirchen am 29. April 2007 in einer Übereinkunft im Magdeburger Dom feierlich bestätigt, und es wurde eine entsprechende Vereinbarung unterzeichnet.

Exkurs 9 Das Herrenmahl

Der Begriff *„Abendmahl"* oder *„Nachtmahl"* [H.Zwingli] ist missverständlich: Die Mahlfeier der christlichen Gemeinde geht zwar auf das letzte Abendmahl Jesu mit seinen Jüngern in der Nacht vor seinem Tode zurück, aber in der Sache greift es weiter. Auch die Mahlgemeinschaften Jesu mit Sündern und Zöllnern [Lukas 15,1-3] gehören zum Kontext der christlichen Mahlfeier wie das Passamahl des Volkes Israel, das an den Auszug des Volkes aus der ägyptischen Sklaverei erinnert. Nach den Berichten des Neuen Testamentes war Jesu letztes Abendmahl ein Passamahl, währenddessen Jesus das Brot und den Wein auf sich und sein Geschick gedeutet hat.

> Es hat eine lange exegetische Debatte um das letzte Abendmahl Jesu gegeben. Die unterschiedlichsten Ansätze sind versucht worden, um Jesu letzten Mahl und das Mahl der Gemeinde aus verschiedenen Wurzeln zu erklären. Überzeugen kann letztlich nur die Deutung, die Jesu Abendmahl im Zusammenhang mit dem jüdischen Passafest versteht. Jedenfalls liegt den synoptischen Evangelien daran, diesen Zusammenhang herzustellen. Und auch Paulus scheint dieser Deutung zu folgen, wenn er die Einsetzung des Herrenmahls eindeutig in der Nacht geschehen lässt, „in der er verraten wurde" [1.Korinther 11, 23].
>
> Die christliche Gemeinde feiert das Herrenmahl in Abweichung vom jüdischen Passamahl wöchentlich. Sie bewahrt die Teile der letzten Mahlfeier Jesu, die dadurch wichtig wurden, dass Jesus sie auf sich und sein Sterben für die Vielen gedeutet hat.
>
> Der Evangelist Johannes verzichtet in seinem Jesus-Buch auf die Darstellung des letzten Abendmahles Jesu. Stattdessen berichtet er davon, dass Jesus seinen Jüngern am Abend vor seinem Sterben die Füße wäscht und sich so zum Diener seiner Freunde macht. In der Sache sind sich Johannes und die synoptischen Evangelien sehr nahe: Wie Johannes, so verstehen auch die anderen Evangelisten das Sterben Jesu als einen Tod stellvertretend für die anderen, die eigentlich den Tod verdient hatten.

In der Alten Kirche wurde die Herrenmahlsfeier mit dem Begriff *„Eucharistie"* [eucaristia - Danksagung] bezeichnet. Gemeint ist die Feier des Mahles als Zeichen des Dankes für die Rettung, die den Christen durch Tod und Auferweckung Jesu Christi geschehen ist.

Mit dem 2. nachchristlichen Jahrhundert wird die Herrenmahlfeier mehr und mehr zum zentralen kultischen Akt der Christenheit. Die Teilnahme an den Mahlfeiern war nur den Getauften gestattet. Die Katechumenen hatten nach dem Wortgottesdienst vor Beginn der Mahlfeier den Raum zu verlassen. Aus der Mahlzeit, die noch im 1. Korintherbrief des Apostels Paulus erkennbar ist, wird ein auf die Zeichen reduziertes Kultmahl.

> Paulus bezieht sich auf die Einsetzungsworte im 1. Korintherbrief vor allem darum, weil die soziale Wirklichkeit der Herrenmahlsgemeinde ihrer Abendmahlsfeier gerade nicht entspricht. In der Gemeinde von Korinth feiern die reichen Gemeindeglieder ohne Rücksicht auf die Ärmeren. Die Reichen haben die Zeit, sich bereits am Nachmittag genüsslich satt zu essen, während die Armen – vielleicht sind sie Sklaven – im Hafen zu arbeiten haben. Wenn sie dann in die Gemeinde kommen, dann sind die anderen bereits satt oder sogar betrunken, und die von der Arbeit kommen, die werden mit einem Stück Brot und mit einem Schluck Wein abgespeist. Diese Praxis des Herrenmahl ist für Paulus evangeliumswidrig. Wer meint, dass die Herrenmahlsfeier mit der Austeilung von Brot und Wein genügt, um den kultischen Verpflichtungen Genüge zu tun, der *„isst und trinkt sich selbst zum Gericht“* [1.Korinther 11, 25f.]. Die Gemeinschaft der Gemeinde im täglichen Leben und die Mahlgemeinschaft bedingen einander. Wenn die Feier des Herrenmahls sich in kultischen Vollzügen erschöpft und sich nicht auch in der täglichen Wirklichkeit abbildet, dann wird das Mahl, das eigentlich ein Zeichen des Heils ist, zum Zeichen des Gerichtes. Der Kult, der Gottesdienst und das tägliche Leben können einander nicht widersprechen. Wenn das hingegen geschieht, dann wird der Gottesdienst unglaubwürdig.

Die Abendmahlsgemeinschaft ist das sichtbare Zeichen der Kirchengemeinschaft. Wenn Menschen gemeinsam das Herrenmahl feiern, dann sind die auch in Glaubensdingen einig. Es war ein Zeichen der Reformation, dass die Fürsten in evangelischer Weise das Abendmahl in beiderlei Gestalt (Brot und Wein) *„nahmen“*. Ebenso ist die Aufkündigung der Abendmahlsgemeinschaft ein Zeichen der Kirchentrennung. Spätestens zu dem Zeitpunkt, als das Abendmahl nicht mehr nach dem Ritus der römisch-katholischen Kirche und nicht mehr mit den von ihr geweihten Priestern gefeiert wurde, waren die Brücken zwischen den Kirchen abgebrochen.

Exkurs 10 Der Streit um das Abendmahl

Zum schmerzlichsten, das die Christenheit zu ertragen hat gehört, dass eine Gemeinschaft am Tisch des Herrn noch nicht möglich ist. Viele Annäherungen hat es im vergangenen Jahrhundert zwischen den Kirchen gegeben. Die gemeinsamen schrecklichen Erfahrungen des Krieges und des Nationalsozialismus, auch die gemeinsamen Erfahrungen während der Zeit der sozialistischen Diktatur haben Christen näher zueinander geführt. Die von römisch-katholischer und evangelischen Kirchen auf dem Berliner Kirchentag 2003 unterzeichnete „Charta Oecumenica" ist ein wichtiger Schritt auf dem Weg der Annäherungen. Das Abendmahl jedoch bleibt weiterhin ein Zeichen der Spaltung. Eine gemeinsame Feier oder auch die gastweise Einladung von Christen der anderen Konfession scheinen auf absehbare Zeit nicht möglich.

Grundlegend für das römisch-katholische Abendmahlsverständnis ist die Lehre des IV. Laterankonzils von 1215, nach der durch die Konsekration des Priesters aus Brot und Wein dauerhaft Leib und Blut Christi werden. Man sieht es der Materie nicht an, dass sie gewandelt wurde, aber in der Substanz ist sie gewandelt du bleibt es auch. Die konsekrierte Hostie ist der Leib Christi. Wird die Hostie in einer Monstranz in der Kirche ausgestellt, dann kann sie von den Gläubige als Leib Christi angebetet werden.

Für Martin Luther geschieht im Abendmahl auch eine Veränderung: Brot und Wein werden in der Feier des Abendmahls für den Glauben erkennbar Leib und Blut Christi. Der Glaube erkennt also in, mit und unter den Zeichen von Brot und Wein den Herrn Jesus Christus, der sein Leben für die Vielen gegeben hat. Für Luther ist das Abendmahl nichts ohne den Glauben. Aber durch den Glauben ist das Abendmahl das Zeichen, in dem das ganze Evangelium zusammengefasst wird.

Für den stark vom Humanismus geprägten Huldrych Zwingli ist die Abendmahlsfeier der Gemeinde ein zeichenhaftes Erinnerungsgeschehen. Der Tod Christi für die Vielen wird so von der Gemeinde immer wieder erinnert, und in der Erinnerung geschieht gleichzeitig die Vergegenwärtigung Jesu Christi selbst.

In der reformierten Tradition hat sich letztlich das Abendmahlsverständnis Johannes Calvins durchgesetzt. Für ihn ist Christus durch seinen Heiligen Geist in der Feier des Abendmahls unter den Zeichen von Brot und Wein gegenwärtig. Die Elemente von Brot und Wein sind ihm nicht das Entscheidende, sondern die Verheißung der Gegenwart Christi bei seiner Gemeinde, der sich in der Feier des Mahles durch seinen Heiligen Geist in Erinnerung ruft.

Die verschiedenen Abendmahlsverständnisse der Reformationszeit sind nach nahezu fünfhundert Jahren kaum noch verständlich. Die katholische Kirche und die verschiedenen reformatorischen Positionen sind von ihren im Mittelalter verwurzelten Denkvoraussetzungen bestimmt, die uns nach der großen Zäsur der Aufklärung kaum noch bedeutsam erscheinen wollen, und die lediglich den Kirchenhistoriker interessieren mögen.

Auch hat das Gespräch zwischen den Kirchen zu weitgehenden Annäherungen geführt, so dass lutherische, reformierte und unierte Christen 1973 auf dem Leuenberg bei Basel ein *„gemeinsames Verständnis des Abendmahls“* erklären konnten. Die Meißener Erklärung von 1988 hält Annäherungen zwischen den Evangelischen Kirchen in Deutschland und der Church of England fest. In den evangelisch-katholischen Gesprächen über die Lehrverurteilungen des 16. Jahrhunderts sind ebenfalls Annäherungen erreicht worden, die die alten Positionen in verändertem Licht erscheinen lassen. Durch exegetische und dogmatische Forschungen kann es gelingen, die vergangenen Verurteilungen in der Tat zu überwinden. Reformierte Gemeinden werden heute nicht mehr darauf beharren, dass die Päpstliche Messe eine *„vermaledeite Abgötterei“* [Heidelberger Katechismus Frage 80] ist.

Weitgehende Einigkeit besteht heute darüber, dass die Feier des Abendmahls in der Gemeinde ein Zeichengeschehen ist. Am Abend vor seinem Sterben sagt Jesus *„dies ist mein Leib... und dieser Kelch ist mein Blut...“* . Er sagt es in derselben Weise, wie er im Johannesevangelium sagt: *„Ich bin das Brot des Lebens“* {Johannes 6,35] und *„ich bin der Weinstock...“* [Johannes 15,5]. Die Rede Jesu bekommt ihren Sinn dadurch, dass Jesus natürlich nicht **das** Brot ist, das morgens in der Bäckerei verkauft wird und nicht **der** Weinstock, von dem die Reben im Herbst geerntet und zu Wein gekeltert werden.

Zwischen der Rede Jesu *„ich bin das Brot“* und dem Brot, das wir essen, besteht eine Differenz. Jesus ist nicht **das** Brot. Aber weil ich weiß, was das tägliche Brot für mich und mein Leben bedeutet, darum erkenne ich aus dem Wort Jesu, dass er ebenso lebensnotwendig für mich ist wie das tägliche Brot. Ebenso verhält es sich mit dem Wort über den Wein. Es ist das Wesen des Gleichnisses und der ihm verwandten Redefiguren, dass das Zeichen [Brot] eben nicht dasselbe ist wie die Sache [der Tod Jesu für die Vielen]. Aber wenn mir deutlich wird, dass der Tod Jesu mir ebenso viel bedeutet wie das tägliche Brot, dann beginne ich, zu verstehen. Es ist die Verheißung des Abendmahls – Jesus sagt: *„Solches tut zu meinem Gedächtnis...“* – dass ich in diesen Zeichen mit der Gemeinde die Gegenwart Christi im Gottesdienst feiere, erfahre, zugesprochen bekomme und glauben kann.

Gegenwärtig wird der erhöhte Herr im Abendmahl
in seinem dahingegebenen Leib und Blut
mit Gottheit und Menschheit
durch das Verheißungswort
in den Mahlgaben von Brot und Wein
in der Kraft des Heiligen Geistes
zum Empfang durch die Gemeinde.

Lehrverurteilungen-kirchentrennend?[23]

23. Ökumenischer Arbeitskreis evangelischer und katholischer Theologen, Lehrverurteilungen – kirchentrennend? I. Rechtfertigung, Sakramente und Amt im Zeitalter der Reformation und heute, hg. von K. Lehmann und W. Pannenberg, Freiburg im Breisgau/Göttingen 1986, S.122.

4.4. Vergebung der Sünden

Das Wort *„Sünde"* ist ein missverstandenes Wort. Es wird zusammengebracht mit sexuellen Verfehlungen aller Art [die sündige Meile als Bezeichnung für die Hamburger Reeperbahn], mit Verstößen gegen die Straßenverkehrsordnung [Verkehrssünderkartei in Flensburg] oder mit Verstößen gegen Diätvorschriften [sündigen im Sinne von mehr Kuchen essen als eigentlich gestattet]. In all diesen Zusammenhängen hat Sünde einen eher harmlosen Klang. Das Wort erinnert an etwas, das vor Zeiten einmal schwerwiegend gewesen sein mag, das aber jetzt längst nicht mehr die Bedeutung hat, die es einmal hatte. Dabei läßt das deutsche Wort *„Sünde"* noch erahnen, welche Bedeutung einmal mit diesem Wort verbunden worden ist. Das Wort *„Sünde"* ist verwandt mit dem Wort „Sund", das heute noch zur Bezeichnung einer Meerenge verwendet wird.:
Die Strömungsverhältnisse in einem Sund sind tückisch. Man muss sie sehr genau kennen, um gefahrlos vom Festland auf die Insel zu kommen.

Im theologischen Sprachgebrauch meint Sünde den tiefen Graben, der zwischen Gott und Mensch besteht. Sünde ist Trennung den Menschen von Gott.

Die Bibel erzählt davon, dass diese Trennung von Gott einen Anfang hatte, als Adam, der Mensch und Eva, die Mutter alles Lebendigen [so die hebräische Bedeutung des Namens Eva] von der verbotenen Frucht aßen. Den biblischen Erzähler interessiert nicht, warum der Baum mit der verbotenen Frucht im Garten Eden stand. Ihn interessieren auch keine Mutmaßungen über die Schlange. Wichtig ist ihm, deutlich zu machen, dass die geschichtlichen Völker und Menschen sich immer schon in der Trennung von Gott vorfinden. Die Geschichte von Adam und Eva erzählt, aber sie erklärt nicht. Nach Adam und Eva sind alle Menschen jenseits von Eden geboren. Sie haben ihre Unschuld verloren. Der biblischen Erzählung vom Sündenfall folgt die Erzählung vom Brudermord, von der Sintflut, vom Turmbau zu Babel.

Die Aufklärung und ihre theologischen Nachfolger haben diese biblischen Ur-Erzählungen in den Bereich der Fabel und des Märchens verbannt. Die aufgekärten Theologen waren sehr davon überzeugt, dass die Sünde nicht Schicksal ist, sondern ein Mangel an Aufklärung. Wenn man die Menschen in der rechten Weise erzieht, dann werden Frieden und Gerechtigkeit, Aufklärung und das Licht der Vernunft die Menschen in bessere Zeiten führen. Niemand wird es sich mehr gefallen lassen müssen, als „sündig“ bezeichnet zu werden.

Die Erfahrung des 20. Jahrhunderts hat die Illusion der Erziehung durch Aufklärung als ebensolchen Mythos entlarvt, wie es die biblische Urerzählung angeblich sein sollte. Nie hat es solch ein Massenmorden, nie solche Pogrome, nie solche totalen Kriege gegeben wie zu der Zeit, als die Menschen meinten, das Mittelalter mit allen religiösen Eierschalen abgestreift zu haben. Das biblische Menschenbild, das im Menschen ein grundsätzlich fehlbares und begrenztes Lebewesen sieht, scheint die gegenwärtige Situation der wieder aufkeimenden Religionskriege besser zu beschreiben als die Verheißung, dass der zivile und industrielle Fortschritt durch Wohlstand die Konflikte aus der Welt schafft.

Sünde bedeutet: Trennung von Gott. Trennung von Gott bedeutet: Trennung vom Leben. Jeder Mensch, der geboren wird, kann sich seine Welt nicht aussuchen. Er findet sich wieder in einer beschädigten und gefährdeten Welt.

> ..die Welt ist gut, der Mensch ist schlecht drum hab' ich leider, leider Recht, wir wären gut, anstatt so roh, doch die Verhältnisse, die sind nicht so...
>
> Bert Brecht, Dreigroschenoper[24]

Allerdings gilt auch das andere: Jeder Mensch trägt durch sein handeln dazu bei, dass die Welt so ist, wie sie ist. Jeder von uns ist in die beschädigte Welt hineingeboren, und jeder von uns trägt mit seinem Handeln und Unterlassen dazu bei, dass die Welt wieder und wieder beschädigt wird. Die Folge der Sünde ist der Tod. Was von Gott getrennt ist, hat keine Lebenschance – wie könnte leben, was von der Quelle des Lebens abgeschnitten ist!

Dabei ist es die wirkliche Trennung von Gott, die eigentliche Tragik, dass die Menschen genau das nicht erkennen, dass sie in einer von Gott getrennten Welt leben und dass dieses Nicht-Erkennen zur Sünde untrennbar gehört. Sie meinen,

---

24. Bertold Brecht, Dreigroschenoper, Frankfurt am Main 1968

dass sie es sind, die für die wahren Lebenswerte einteten, dass sie ihre Waffen und ihre Macht nutzen, das „Böse“ auszuschalten. Und sie spüren nicht, dass sie genau damit Gefahr laufen, selbst so zu werden. wie die, die sie als „die Bösen“ brandmarken. Es ist das Wesen der Sünde, dass sie blind macht, für die eigene Beteiligung und die eigene Verwicklung in die Welt, wie sie ist. Wer meint, das Böse aus der Welt schaffen zu müssen, der möge darauf achten, dass er nicht selber die Mittel des Bösen übernimmt und dass sein Gesicht sich mehr und mehr den von ihm so genannten Bösen angleicht.

Nach dem Zusammenbruch des Nationalsozialismus im Jahre 1947 haben die Bruderräte der Bekennenden Kirche ein Schuldbekenntnis verfasst, das deutlicher reden sollte als es das Stuttgarter Schuldbekenntnis der Evangelischen Kirche in Deutschland getan hatte. Im „Darmstädter Wort“ heißt es:

> Wir sind in die Irre gegangen, als wir meinten, eine Front der Guten gegen die Bösen, des Lichtes gegen die Finsternis, der Gerechten gegen die Ungerechten, im politischen Leben und mit politischen Mitteln bilden zu müssen. Damit haben wir das freie Angebot der Gnade Gottes an alle durch eine politische, soziale und weltanschauliche Frontenbildung verfälscht und die Welt ihrer Selbstrechtfertigung überlassen.
>
> Darmstädter Wort, These 4[25]

Wer der Sünde zu entkommen sucht, der verstrickt sich mehr und mehr in sie. Den Graben zwischen Gott und Mensch durch menschliches Handeln überwinden zu wollen, führt zum Scheitern. Paulus sagt: „Das Gute, das ich will, das tue ich nicht, aber das Böse, das ich nicht will, das tue ich.“ [Römer 7,19]

> In der Geschichte der Kirche hat es immer wieder Versuche gegeben, das Reich Gottes auf Erden zu errichten, die „sozietas perfecta“ – die tadellose Gesellschaft. Dies geschah in der Hoffnung un in der Erwartung, durch politisches und militärisches Handeln den Graben

25. Darmstädter Wort zum politischen Weg unseres Volkes, in: Schriftenreihe des Instituts für vergleichende Staat-Kirche-Forschung Heft 4: *In die Irre gegangen? Das Darmstädter Wort in Geschichte und Gegenwart.* Berlin 1994.

zwischen Gott und Mensch zu überbrücken.: Die Bewegung der Katharer im 14. Jahrhundert versuchte dies ebenso wie das Täuferreich in Münster. Am Ende stand hier eine brutale Diktatur der selbsternannten „Propheten“ über die Stadt. Auch die Verwirklichung der säkularen Heilslehren des 18. und des 19. Jahrhunderts haben einigen Vorteile, den meisten aber entweder brutale Erniedrigung. Gegenwärtig liegt es nahe, auch in den Bestrebungen, einen islamischen „Gottesstaat“ zu errichten, einen solchen Versuch zu erkennen, der den Graben zwischen Gott und den Menschen aus Menschlicher Kraft überwinden zu wollen.

Das apostolische und das nicaenisch-konstantinopolitanische Glaubensbekenntnis nehmen die Sünde von ihrer Überwindung her in den Blick. Die christliche Kirche glaubt nicht an die Sünde, sondern an Christus, der mit seinem Leiden und Sterben die Last des gestörten Gottesverhältnisses auf sich gezogen hat. Gott hat sich mit dem Menschen identifiziert; nicht mit dem edlen, guten und schönen Menschen sondern mit dem, der sich selber die Verbindung zu Gott abgeschnitten hat, der Schuld ist daran, dass die Welt ist, wie sie ist, der nicht Gott und den Nächsten liebt, sondern der nur und beharrlich an sich selber denkt und um sich selber kreist.

Das ist gemeint, wenn die junge christliche Kirche die Worte aus dem 2. Teil des Jesajawortes auf Jesus Christus deutet:

1 Aber wer glaubt dem, was uns verkündet wurde, und wem ist der
Arm des HERRN offenbart? 2 Er schoß auf vor ihm wie ein Reis und
wie eine Wurzel aus dürrem Erdreich. Er hatte keine Gestalt und
Hoheit. Wir sahen ihn, aber da war keine Gestalt, die uns gefallen
hätte. 3 Er war der Allerverachtetste und Unwerteste, voller
Schmerzen und Krankheit. Er war so verachtet, dass man das
Angesicht vor ihm verbarg; darum haben wir ihn für nichts geachtet.
4 Fürwahr, er trug unsre Krankheit und lud auf sich unsre Schmerzen.
Wir aber hielten ihn für den, der geplagt und von Gott geschlagen und
gemartert wäre. 5 Aber er ist um unsrer Missetat willen verwundet und
um unsrer Sünde willen zerschlagen. Die Strafe liegt auf ihm, auf dass
wir Frieden hätten, und durch seine Wunden sind wir geheilt. 6 Wir
gingen alle in die Irre wie Schafe, ein jeder sah auf seinen Weg. Aber
der HERR warf unser aller Sünde auf ihn. 7 Als er gemartert ward, litt
er doch willig und tat seinen Mund nicht auf wie ein Lamm, das zur
Schlachtbank geführt wird; und wie ein Schaf, das verstummt vor
seinem Scherer, tat er seinen Mund nicht auf. 8 Er ist aus Angst und
Gericht hinweggenommen. Wer aber kann sein Geschick ermessen?

Denn er ist aus dem Lande der Lebendigen weggerissen, da er für die Missetat meines Volks geplagt war. 9 Und man gab ihm sein Grab bei Gottlosen und bei Übeltätern, als er gestorben war, wiewohl er niemand Unrecht getan hat und kein Betrug in seinem Munde gewesen ist. 10 So wollte ihn der HERR zerschlagen mit Krankheit. Wenn er sein Leben zum Schuldopfer gegeben hat, wird er Nachkommen haben und in die Länge leben, und des HERRN Plan wird durch seine Hand gelingen. 11 Weil seine Seele sich abgemüht hat, wird er das Licht schauen und die Fülle haben. Und durch seine Erkenntnis wird er, mein Knecht, der Gerechte, den Vielen Gerechtigkeit schaffen; denn er trägt ihre Sünden. 12 Darum will ich ihm die Vielen zur Beute geben, und er soll die Starken zum Raube haben, dafür dass er sein Leben in den Tod gegeben hat und den Übeltätern gleichgerechnet ist und er die Sünde der Vielen getragen hat und für die Übeltäter gebeten.

Jesaja 53

Das paradoxe Phänomen der Sünde ist so geartet, dass dieser breite Graben zwischen Gott und Menschen den Menschen eben nicht bewusst ist, die von der Vergebung der Sünden nichts wissen und nichts glauben. Wie weit ich mit meinen Lebensentscheidungen von Gott entfernt gewesen bin, das erkenne ich erst im Nachhinein, wenn die tödliche Gefahr überwunden ist.

Das Neue Testament erzählt wiederholt von solchen Lebensgeschichten, die in der freundlichen Begegnung Jesu überhaupt erst erkennen, wie verkehrt ihr Leben bislang gewesen ist:

Als Petrus auf das Wort Jesu hin die Netze noch einmal auswirft und ungeheuer viele Fische fängt, bricht er zusammen und sagt:" Als das Simon Petrus sah, fiel er Jesus zu Füßen und sprach: Herr, geh weg von mir! Ich bin ein sündiger Mensch." [Lukas 5,8] Ähnlich die Zachhäusgeschichte: Jesus lädt sich bei dem verachteten Zöllner Zachhäus ein. Und während dieser Tischgemeinschaft mit Jesus kündigt Zachhäus seine Lebenswende an: „Zachäus aber trat vor den Herrn und sprach: Siehe, Herr, die Hälfte von meinem Besitz gebe ich den Armen, und wenn ich jemanden betrogen habe, so gebe ich es vierfach zurück." [Lukas 19,9] Die Frau mit den 5 gescheiterten Beziehungen am Jakobsbrunnen läuft nach der Begegnung mit Jesus zurück in ihr Dorf und sagt: „Kommt, seht einen Menschen, der mir alles gesagt hat, was ich getan habe, ob er nicht der Christus sei!" [Johannes 4,39]

Wahrscheinlich ist der Blick auf die vergangene und vergebene Schuld nur aus dem Zuspruch der Vergebung heraus zu ertragen.

> Es war das erschreckende in den Prozessen um die Massenmorde von Auschwitz, dass kaum einer der Täter zu seiner Tat stehen konnte. Sie haben sich auf Befehlsnotstand berufen. Selbst Adolf Eichmann, der Organisator des Judenmordes hat in seinem Verfahren in Israel die Schuld von sich gewiesen. Nur ausführendes Organ sei er gewesen. Ähnliches war auch bei den Prozessen gegen das SED-Unrecht zu hören. Lediglich eines der Politbüro – Mitglieder hat sich zu seiner Verantwortung bekannt.

Vielleicht ist es ein Zeichen von Vergebung, dass ein Mensch ohne Beschönigungen und Verdrängungen von seiner Schuld sprechen kann: weder verkleinernd noch verdrängend, aber auch genau so wenig sich seiner Taten brüstend und übertreibend, als ob er – und das ist ja auch etwas Positives! – Weltmeister im Sündigen gewesen wäre.

> In manchen evangelikal geprägten Kreisen gehört der Bericht von den vergangenen Sünden, aus denen Jesus befreit hat, zur Strategie und Taktik der Mission. Je schlimmer der Missionar im Zelt oder auf der Straße die dunklen Punkte seiner Vergangenheit darzustellen vermag, desto größeren Anklang erhofft er sich und desto mehr meint er, Menschen anzusprechen, die bislang den Weg zum Glauben nicht gegangen sind.

Vergebung der Sünden ist der göttliche Akt, mit dem Gott sich den Menschen zuwendet. In tiefer Solidarität, die bis zum Tod Gottes am Kreuz geht, zerreißt Gott die Ketten, die den Menschen an seine Vergangenheit binden. Nur Gott kann das tun. Nur er kann Menschen aus dem unseligen Kreislauf von Schuld und Schuldfolgen herausholen. „Es ist der Fluch der bösen Tat, dass sie fortzeugend Böses muss gebären“ schreibt Friedrich Schiller. Die Erfahrung lehrt, dass das so stimmt. Die Folgen der Morde von Auschwitz reichen über die beteiligte Generation hinaus. Die Umweltverbrechen der Vergangenheit werden unsere Kinder und Enkel mehr belasten als uns. Der Kolonialismus des 19. und frühen 20. Jahrhunderts dauert fort in den ungleichen politischen und wirtschaftlichen Verhältnissen auf der Welt. Die gefährlichen nuklearen Waffen aus der Zeit des Kalten Krieges rosten in der Barentsee vor sich hin und bergen ein Gefahrenpotential, das den meisten

Menschen gar nicht bewusst ist. Die Vergebung Gottes zerbricht die Kette und die Verkettungen der Schuld. Seine Vergebung ist das Beste, was Menschen geschehen kann.

4.5. Auferstehung der Toten

Solange die Toten tot sind, ist die Welt nicht in Ordnung. Wenn Auschwitz das letzte Wort über die Judenheit Europas gewesen ist, dann bekommen die Recht, die die Vernichtungsmaschinerie gewollt und geplant, die sie gebaut und betrieben haben. Wenn der Tod das letzte Wort hat, was ist dann mit den Menschen, die für die Ehre Gottes gestorben sind? Haben die Märtyrer der Alten Kirche vergeblich ihren Glauben bekannt? Ist Dietrich Bonhoeffer vergeblich in den Tod gegangen? Sind die Millionen Christen vergeblich gestorben, die lieber gestorben sind, als ihren Glauben zu verleugnen.

Ist der Tod die einzige und letzte Macht, die die Welt beherrscht, dann ist der christliche Glaube gescheitert. Die vielen, die sich auf ihn verlassen haben, sind dann einer Illusion gefolgt.

In den frühen Texten des Alten Testaments ist eine Hoffnung, die über den Tod hinausgeht nicht dokumentiert. Gott ist nicht der Gott der Toten, sondern der Lebenden [Matthäus 22,32]. Es gibt das frühe, das unzeitige Sterben [Jesaja 38,10.12f]. Aber es gibt auch das friedvolle Sterben, in dem ein Mensch sich zu seinen Vätern versammelt [1. Mose 15,15]. Von Abraham und Isaak heißt es, dass sie alt und lebenssatt starben [1. Mose 25,8; 35,29].

Erst in der Zeit, in der Israeliten sterben, weil sie für die Heiligung des Namens Gottes gestritten haben. Im Buch Ezechiel findet sich eine großartige Vision, die Israels Hoffnung zum Ausdruck bringt:

> 1 Ich spürte, wie der HERR seine Hand auf mich legte. Er führte mich im Geist durch die Luft und setzte mich mitten in der Ebene nieder. Der ganze Boden war mit Totengebeinen bedeckt. 2 Der HERR führte mich überall herum und zeigte mir die Gebeine. Es waren unzählige und sie waren völlig ausgetrocknet. 3 Dann fragte er mich: »Du Mensch, können diese Knochen wieder zu lebenden Menschen werden?« Ich antwortete: »HERR, das weißt nur du!« 4 Und er fuhr fort: »Rede als Prophet zu diesen Gebeinen! Ruf ihnen zu: 'Ihr vertrockneten Knochen, hört das Wort des HERRN! 5 So spricht der HERR, der mächtige Gott, zu euch: Gebt Acht, ich bringe Lebensgeist

in euch und ihr werdet wieder lebendig! 6 Ich lasse Sehnen und Fleisch auf euch wachsen und überziehe euch mit Haut. Und dann hauche ich euch meinen Lebensgeist ein, damit wieder Leben in euch kommt. Ihr sollt erkennen, dass ich der HERR bin!'« 7 Ich tat, was der HERR mir befohlen hatte. Während ich noch redete, hörte ich es rauschen. Die Knochen rückten zueinander, so wie sie zusammengehörten. 8 Ich sah, wie Sehnen und Fleisch darauf wuchsen und sich eine Haut bildete. Aber es war noch kein Lebensgeist in ihnen. 9 Da sagte der HERR zu mir: »Du Mensch, sprich als Prophet zum Lebensgeist, sag zu ihm: 'So spricht der HERR, der mächtige Gott: Komm aus allen vier Himmelsrichtungen und hauche diese Toten an, damit wieder Leben in sie kommt!'« 10 Ich tat, was der HERR mir befohlen hatte. Da kam der Lebensgeist in sie und sie wurden lebendig und standen auf. Es war eine riesige Menschenmenge. 11 Dann sagte der HERR zu mir: »Du Mensch, diese Totengebeine sind das Volk Israel. Du hörst doch, wie sie sagen: 'Unsere Gebeine sind vertrocknet, unsere Hoffnung ist dahin; wir haben keine Zukunft mehr!' 12 Darum rede als Prophet zu ihnen und sage: 'So spricht der HERR, der mächtige Gott: Gebt Acht, ich öffne eure Gräber und hole euch, mein Volk, heraus; ich führe euch heim ins Land Israel. 13 Ihr werdet erkennen, dass ich der HERR bin, wenn ich das tue – wenn ich eure Gräber öffne und euch, mein Volk, aus ihnen heraushole. 14 Ich gebe meinen Geist in euch, damit wieder Leben in euch kommt, und bringe euch in euer Land zurück. Ihr sollt erkennen, dass ich das angekündigt habe und dass ich tue, was ich sage, ich, der HERR.'«

Ezechiel 37,1-14

Das ist noch keine ausgeführte Lehre von der Auferweckung der Toten, aber dieser Text einer großartigen Vision zeigt den Weg vor, den die Auferstehungshoffnung in Israel nehmen wird. Nach dem Propheten Ezechiel ist es allein das Wort Gottes, das die Totengebeine wieder ins Leben ruft, ein Schöpfungsakt, wie die Erschaffung der Welt der souveräne Schöpfungsakt Gottes war und ist.

Aus etwas späterer Zeit mag die individuelle Hoffnung auf die Auferweckung stammen, die im Hiobbuch ihren Niederschlag gefunden hat:

Aber ich weiß, dass mein Erlöser lebt, und als der letzte wird er über dem Staub sich erheben.

Hiob 19,25

Poetische und hymnische Texte wie der Psalm 139 führen diese Hoffnung bildhaft aus: Es gibt keinen Raum, in dem Gott nicht ist. Und der sich an Gott hält, den wird er auch im Totenreich nicht allein lassen.

> 1 Ein Psalm Davids, vorzusingen.
> HERR, du erforschest mich und kennest mich. 2 Ich sitze oder stehe
> auf, so weißt du es; du verstehst meine Gedanken von ferne. 3 Ich
> gehe oder liege, so bist du um mich und siehst alle meine Wege. 4
> Denn siehe, es ist kein Wort auf meiner Zunge, das du, HERR, nicht
> schon wüßtest. 5 Von allen Seiten umgibst du mich und hältst deine
> Hand über mir. 6 Diese Erkenntnis ist mir zu wunderbar und zu hoch,
> ich kann sie nicht begreifen. 7 Wohin soll ich gehen vor deinem Geist,
> und wohin soll ich fliehen vor deinem Angesicht? 8 Führe ich gen
> Himmel, so bist du da; bettete ich mich bei den Toten, siehe, so bist
> du auch da. 9 Nähme ich Flügel der Morgenröte und bliebe am
> äußersten Meer, 10 so würde auch dort deine Hand mich führen und
> deine Rechte mich halten. 11 Spräche ich: Finsternis möge mich
> decken und Nacht statt Licht um mich sein -, 12 so wäre auch
> Finsternis nicht finster bei dir, und die Nacht leuchtete wie der Tag.
> Finsternis ist wie das Licht. 13 Denn du hast meine Nieren bereitet
> und hast mich gebildet im Mutterleibe. 14 Ich danke dir dafür, dass ich
> wunderbar gemacht bin; wunderbar sind deine Werke; das erkennt
> meine Seele. 15 Es war dir mein Gebein nicht verborgen, als ich im
> Verborgenen gemacht wurde, als ich gebildet wurde unten in der
> Erde. 16 Deine Augen sahen mich, als ich noch nicht bereitet war, und
> alle Tage waren in dein Buch geschrieben, die noch werden sollten
> und von denen keiner da war. 17 Aber wie schwer sind für mich, Gott,
> deine Gedanken! Wie ist ihre Summe so groß! 18 Wollte ich sie
> zählen, so wären sie mehr als der Sand: Am Ende bin ich noch immer
> bei dir. 19 Ach Gott, wolltest du doch die Gottlosen töten! Dass doch
> die Blutgierigen von mir wichen! 20 Denn sie reden von dir lästerlich,
> und deine Feinde erheben sich mit frechem Mut. 21 Sollte ich nicht
> hassen, HERR, die dich hassen, und verabscheuen, die sich gegen
> dich erheben? 22 Ich hasse sie mit ganzem Ernst; sie sind mir zu
> Feinden geworden. 23 Erforsche mich, Gott, und erkenne mein Herz;
> prüfe mich und erkenne, wie ich's meine. 24 Und sieh, ob ich auf
> bösem Wege bin, und leite mich auf ewigem Wege.
>
> Psalm 139

Im Neuen Testament hängt die Hoffnung von der Auferstehung der Toten an Tod und Auferweckung Jesu Christi selbst. „Er ist der erste der Entschlafenen“ schreibt Paulus im 1. Korinterbrief [15,20]. Weil Christus den Tod in der Kraft Gottes besiegt hat, darum wird er die Menschen, die zu ihm gehören, nach sich ziehen. [Johannes 12,32].

Präzisere Auskunft ist jedoch nicht zu erhalten. Wie soll ein Mensch reden können über das, was noch kein Auge gesehen und kein Ohr gehört hat? [Jesaja 64,3; 1. Korinther 2,9]. Der Tod ist nicht nur die Grenze unseres Lebens, er ist zugleich die Grenze unseres Erkennens. Das, was wir für gesicherte Erkenntnis ausgeben [Naturgesetzte, mathematische Gesetze, die Regeln der Logik], sind Erkenntnisse, die nur diesseits der Todesgrenze gesichert erkenn- und benennbar sind, und wie wir wissen, trifft dieses in Grenzbereichen der Physik nicht mehr mit der großen Selbstverständlichkeit zu, mit der man landläufig von Naturgesetzen redet.

Lediglich die Sprache der Bilder, der Gleichnisse und Vergleiche, also eine höchst poetische Sprache ist dazu in der Lage, in Annäherungen von dem zu reden, was für uns noch nicht ist.

> Die Vision Ezechiels vom Totenfeld ist ebenso bildhafte Rede wie das Bild vom Tod als *„Schlaf“* [1. Thessalonicher 4,13ff.]. Bilder sind die Erzählungen von der „letzten Posaune“, von der „Neuen Stadt, dem himmlischen Jerusalem, vom umfassenden Frieden, der die ganze Natur mit einbezieht.

Bilder und Gleichnisse haben darin ihre Schwäche, dass sie mit dem, was sie abbilden und vergleichen wollen, nicht identisch sind. Ihre Stärke ist es, weine Beziehung zu zeigen zwischen dem Bekennten und dem Unbekannten.

> Jesus redet vornehmlich in Gleichnissen. Über 30 verschiedene Kurzgeschichten überliefert das Neue Testament, die von Gottes Reich und Gerechtigkeit erzählen. Die Pointe liegt in der Spannung zwischen der Erzählung und dem Gegenstand der Erzählung. Selbstredend ist Gott kein Gutsbesitzer, der den Verlorenen Sohn wieder mit offenen Armen empfängt und ihm Prokura gibt. Aber wenn ich diese Gleichniserzählung vom Verlorenen Sohn höre, dann verstehe ich etwas von der Liebe Gottes zu denen, die überhaupt nicht liebenswert sind. Von Eberhard Jüngel stammt die treffende

Formulierung: „Im Gleichnis kommt das Reich Gottes als Gleichnis zur Sprache“[26]

Wenn sich der Glaube traut, von dem zu reden, was auf Erden noch nicht ist, für das es weder Beweise noch logische Gründe gibt, dann darum, weil er von dem Handeln Gottes, das er kennen und glauben gelernt hat, auf das künftige Handeln Gottes schließt.

Auch hier wieder ein Hinweis aus den Gleichnisgeschichten Jesu: Häufig erzählt Jesus vom Wachstum in der Schöpfung, um vom Wachstum des Reiches Gottes zu erzählen [Gleichnis vom Senfkorn [Markus 4, 30-31pp., vom Säemann Markus 4,1ff.pp., von der selbstwachsenden Saat Markus 4, 26-29]. Der Neutestamentler Georg Eichholz hat formuliert: Gottes Handeln findet seine Analogie in Gottes Handeln. M.a.W. Weil der Gott, der Himmel und Erde geschaffen hat, der die Saat wachsen lässt, derselbe ist, der sein Reich heraufführen wird, darum ist es möglich, in dem, was schon geschehen ist und geschieht, den Gott wiederzuerkennen, der in Ewigkeit sein wird.

Der Gott, der den toten Jesus von den Toten auferweckt hat, der wird auch die auferwecken, die in ihm entschlafen sind [1.Korinther 15,20ff.] Der Gott, der die Welt sehr gut geschaffen hat, der wird sie auch wieder in Ordnung bringen, indem er den neuen Himmel und die neue Erde erschafft [Offenbarung 21,1-5].

Es bleibt bei der Gewissheit, dass nichts von der Liebe Gottes trennen kann – auch nicht der Tod [Römer 8, 31-19]. Aber davon können wir nur andeutungsweise reden, im Tonfall der Hoffnung.

Die Musik kann dem Unsagbaren Töne verleihen und so zum Ausdruck bringen, was Sprache allein nicht vermag. Johann Sebastian Bachs Motette *„Jesu meine Freude“* BWV 228 legt das Kirchenlied von Johann Frank [EG 396] aus, indem er es zu Versen aus dem 8.Kapitel des Römerbriefes in Beziehung setzt und so textlich und musikalisch eine Ebene erreicht, die beiden verschiedenen Quellen entspricht und sie dennoch ausweitet. Und wer Ohren hat zu hören, wird hier von der anhaltenden und

26. Eberhard Jüngel, Paulus und Jesus, 5.Aufl. Tübingen 1979, S.135: *„Die Besileia (das Reich Gottes, M.F.) kommt im Gleichnis als Gleichnis zur Sprache. Die Gleichnisse Jesu bringen die Gottesherrschaft als Gleichnis zur Sprache.“*

durchhaltenden Treue Gottes erfahren. Ganz anders das doppelchörige Kantatenfragment *„Nun ist das Heil“* BWV 50. Die musikalische Pracht läßt eine Ahnung von der Musik des Himmels gewinnen. Ebenso ist es bei den Chören Georg Friedrich Händels – nicht nur im *„Messias“*. Dabei entzieht sich die Musik jeder theologischen Vereinnahmung. Sie gewinnt ihre Kraft durch die Freiheit ihres Spiels. Und wo diese Freiheit beschnitten wird – beispielsweise wenn Bachs Musik gleichsam „kanonisiert“ und zur Offenbarungsquelle gemacht wird [so etwa die Bezeichnung Bachs als *„fünfter Evangelist“*], dann verkommt sie zum erbaulichen bürgerlichen Frömmigkeitsereignis oder zur frommen, kirchlichen Selbstreproduktion, und niemand lässt sich mehr überraschen von ungewohnten Wort-Ton-Verbindungen, von Klängen und Harmonien.

Der Weg vom endlichen Geschöpf zum ewigen Gott ist uns versperrt. So hat sich der Schöpfer selbst zu uns auf den Weg gemacht, um uns an seinem ewigen Leben Anteil zu geben.

4.6. Das ewige Leben

Nach unserem allgemeinen, durch die Aufklärung bestimmten Verständnis, ist das ewige Leben ein zeitlich unbegrenztes und unbeschränktes Leben. Läßt sich das endliche Leben mit der geometrischen Figur der Strecke beschreiben, so wäre das „ewige" Leben in diesem Bild wie eine Gerade: Es hat keinen Anfang und kein Ende. Das endliche Leben ist somit ein kleiner Teil des „ewigen" Lebens, aber grundsätzlich von derselben Art.

Dieses Ewigkeitsverständnis spiegelt sich in manchen Kirchenliedern zum Ende des Kirchenjahres:

O Ewigkeit, du Donnerwort,
O Schwert, das durch die Seele bohrt,
O Anfang sonder Ende!
O Ewigkeit, Zeit ohne Zeit,
Ich weiß für großer Traurigkeit
Nicht, wo ich mich hinwende!
Mein ganz erschrocknes Herz erbebt,
Dass mir die Zung am Gaumen klebt

Johann Rist[27]

Nach biblischer Redeweise ist das Wort Zeit [mlv] in erster Linie ein Begriff, der die Ausdehnung [Quantität] von Zeit beschreibt als viel mehr ihre Qualität. Die Zeit Gottes [Ewigkeit] ist die von Gott selbst gefüllte Zeit, die Zeit des Heils und der Gnade [2. Korinther 6,2]. So kommt Gott zur Welt „als die Zeit erfüllt war" [Galater 4,4].

Die endlose Verlängerung der Lebenszeit, ohne dass es auch qualitativ eine andere Art von Zeit wäre, ist die Hölle. Der Einbruch der Zeit Gottes in die vergehende Weltzeit ist das Wunder.

27. EKG (Evangelishes Kirchengesangbuch) 324,1.

In der frühen Kantate *„Gottes Zeit ist die allerbeste Zeit“* [Actus Tragicus BWV 106] spiegeln Text und Musik diese beiden Zeiten: Gottes Zeit und die vergehende, menschliche Zeit. Der Mensch vergeht und mit ihm seine Zeit. Das Wort Christi bricht in die Todeswelt hinein. *„heute wirst du mit mir im Paradies sein.“* Weil Gott mit seiner Zeit in die Menschenzeit einbricht, darum ist Hoffnung im Tode.

Chor	
Gottes Zeit ist die allerbeste Zeit: in ihm leben, weben, und sind wir, solange er will; in ihm sterben wir zur rechten Zeit, wenn er will.	 Apostelgeschichte 17,28
Tenor Arioso	
Ach, Herr, lehre uns bedenken, dass wir sterben müssen, auf dass wir klug werden.	Psalm 90, 12
Baß Aria	
Bestelle dein Haus; denn du wirst sterben und nicht lebendig bleiben.	2. Könige 20,1 [Jesaja 38,1]
Chorus	
Es ist der alte Bund: Mensch, du musst sterben! Ja, komm, Herr Jesu, komm!	Sirach 14,18 Offenbarung 22,20
Alto Aria	
In deine Hände befehl ich meinen Geist; du hast mich erlöset, Herr, du getreuer Gott.	Psalm 31,6
Bass Arioso and Alto Chorale	
Heute wirst du mit mir im Paradies sein.	Lukas 23,43
Mit Fried' und Freud' ich fahr dahin in Gottes Willen; getrost ist mir mein Herz und Sinn, sanft und stille.	Martin Luther

Wie Gott mir verheißen hat,
der Tod ist mein Schlaf worden.

Chorus

Glorie, Lob, Ehr und Herrlichkeit — Adam Reusner
sei dir Gott, Vater und Sohn, bereit,
dem heil'gen Geist, mit Namen!
Die göttlich' Kraft
mach uns sieghaft
durch Jesum Christum.

Amen.[28]

---

28. Johann Sebastian Bach, Kantate 106, Gottes Zeit ist die allerbeste Zeit, Mühlhausen 1708?

5. Das christliche Leben

Dem Bekennen des Glaubens entspricht das Leben im Glauben. Glauben und Glaubensleben gehören zusammen. Wer bekennt, ohne nach seinem Bekenntnis zu leben, wird unglaubwürdig. Im Alten wie im Neuen Testament ist die Tat der Liebe der Ernstfall des Glaubens. Die prophetische Kritik richtet sich gegen das Auseinanderfallen von Gottesdienst und sozialer Wirklichkeit. Die Rede des Propheten Amos ist an Deutlichkeit und Anschaulichkeit nicht zu überbieten:

> Ich bin euren Feiertagen gram und verachte sie und mag eure Versammlungen nicht riechen. 22 Und wenn ihr mir auch Brandopfer und Speisopfer opfert, so habe ich kein Gefallen daran und mag auch eure fetten Dankopfer nicht ansehen. 23 Tu weg von mir das Geplärr deiner Lieder; denn ich mag dein Harfenspiel nicht hören! 24 Es ströme aber das Recht wie Wasser und die Gerechtigkeit wie ein nie versiegender Bach. 25 Habt ihr vom Hause Israel mir in der Wüste die vierzig Jahre lang Schlachtopfer und Speisopfer geopfert? 26 Ihr trugt den Sakkut, euren König, und Kewan, den Stern eures Gottes, eure Bilder, welche ihr euch selbst gemacht habt; 27 so will ich euch wegführen lassen bis jenseits von Damaskus, spricht der HERR, der Gott Zebaoth heißt.
>
> Amos 5, 21-27

Kultische Präzision und gottesdienstliches Leben machen den tiefen Schaden des Volkes Gottes erst deutlich. Wo Glauben und Leben auseinanderfallen, greift die prophetische Kritik. Der Maßstab des Gottesdienstes ist weniger die Rechtgläubigkeit und der korrekte liturgische Vollzug der Gottesdienste als vielmehr die soziale Wirklichkeit.

Dies gilt für die Botschaft Jesu ebenso wie es für die Propheten Israels galt. Die gottesdienstliche Feier von miteinander unversöhnten Menschen ist gegen den Willen Gottes. Das Gleichnis vom Barmherzigen Samariter hat ja gerade darin seine Spitze, dass es nichts wichtigeres, auch keine kultische Verpflichtung gibt, als sich dem zuzuwenden, der unter die Räuber gefallen ist.

Maßstab des Lebens im Volk Gottes ist der Dekalog, das 10-Wort vom Sinai in seinen beiden Tafeln. Der Dekalog ist das Grundgesetz des Volkes Gottes, das er erwählt und aus Ägypten befreit hat. Die Gebote Gottes sind also in erster Linie Freiheitsregeln. Sie spiegeln des Lebenswillen Gottes für sein Volk, dass es nicht mehr den Gesetzen fremder Machthaber zu gehorchen hat, also nicht mehr den Gesetzen der Sklaverei und der Unterdrückung, sondern dem guten Gebot Gottes.

> Das hebräische Wort Torah, das in Israel das ganze Gebot Gottes in den 5 Büchern Mose beschreibt, meint in seiner Grundbedeutung zuerst „Weisung", Hinweis zum Leben. Es ist ein heidenchristliches Mißverständnis, dass wir das Judentum als überholte „Gesetzesreligion" bezeichnet haben. Selbstredend kann es das „gesetzliche" Mißverständnis der Weisung Gottes im Judentum ebenso geben, wie das Evangelium in der Christenheit immer wieder zum tötenden Gesetz und zur moralischen Keule geworden ist. Das Selbstverständnis des Judentums geht von der Erwählung Israels aus und begreift von daher die Gebote der Torah als Lebensregeln für das Bestehen des Volkes Israel in der Freiheit.

Die Befolgung der Lebensregeln des Volkes Gottes garantieren keine Gerechtigkeit. Im Römerbrief weist der Apostel Paulus nach, dass das Halten der Gebote dazu führt, dass der Mensch sich bei Gott aus eigener Kraft und kraft eigener Leistung ins Recht setzen will. Der Nachweis eines „anständigen" Lebens soll den breiten Graben der Trennung von Gott überwinden.

Paulus sagt demgegenüber: Wenn es einen Weg der Menschen zu Gott gibt – und es gibt ihn – dann darum, weil Gott sich von sich aus auf den Weg zu den Menschen gemacht hat. Christus ist der Wer, die Wahrheit und das Leben [Johannes 14,6]. Weil er die Last der Trennung von Gott auf sich genommen und durchlitten hat, darum kann nicht die Leistung, sondern nur der Glaube vor Gott gerecht machen.

> Dabei ist der „Glaube" nun seinerseits nicht eine intellektuelle Leistung, oder eine besondere Vertrauensleistung. Glaube ist, die Wahrheit Gottes gelten lassen. Glaube bedeutet die dankbare Antwort auf das Geschenk Gottes.

Warum sagst du,
dass du allein durch den Glauben gerecht bist?

Ich gefalle Gott nicht deswegen,
weil mein Glaube
ein verdienstvolles Werk wäre.
Allein die Genugtuung,
Gerechtigkeit und Heiligkeit Christi
ist meine Gerechtigkeit vor Gott. Ich kann sie nicht anders
als durch den Glauben
annehmen und mir zueignen.

Heidelberger Katechismus Frage 61

Christliches Leben ist Zeugnis und Dienst. Weil Gott für mich alles getan hat und ich für ihn nichts tun brauche und tun kann, darum kann ich mich mit meiner Kraft den Menschen auf der Welt zuwenden, die meine Hilfe brauchen.

5.1. Gesetz und Evangelium – Evangelium und Gebot

Für die Reformation des 16. Jahrhunderts ist die Unterscheidung von Gesetz und Evangelium konstitutiv. Luthers reformatorische Entdeckung war es, dass der Glaube kein Gesetz ist. Alles, was Gott zu geben hat, das verschenkt er. Aber auch das Gesetz ist Gottes Wort. In den Geboten vom Sinai, in der Bergpredigt Jesu macht Gott seinen guten Willen für die Welt offenbar. Das Gesetz ist „heilig, gerecht und gut“ [Römer 7,12] und wenn Christus „ das Ende des Gesetzes“ [Römer 10, 4] ist, so bedeutet das nicht, dass die Satzungen Gottes aufgehoben wären. Christus ist das Ende des Gesetzes „zur Gerechtigkeit“ d.h. niemand sollte sich einbilden, er könne die Gerechtigkeit, die vor Gott gilt durch eigene Kraft erreichen.

In der Reformationszeit hat man die Bedeutung des Gebotes Gottes für den Glauben der Christen in dreifacher Weise beschrieben:

- Das Gesetz Gottes regelt das Leben in weltlichen Gemeinschaften. Der Staat hat darüber zu wachen, dass die Regeln des Zusammenlebens eingehalten werden. Stellt er andere Regeln auf, als sie in den Geboten Gottes dargelegt sind, oder wenn er auf die Regelungen des Lebens ganz verzichten will, dann wird er seiner Fürsorgepflicht für die Menschen nicht gerecht. Diese Art, mit Gottes Gesetz umzugehen wird in der reformatorischen Theologie als *„politischer Brauch des Gesetzes“* [usus politicus legis] bezeichnet.

- Zum andern hält mir das Gesetz den Spiegel vor. Im Gesetz Gottes erkenne ich meine eigene Entfernung von Gott. Ich erkenne das Scheitern meiner Rechtfertigungsbemühungen. Das Gesetz klagt an. Es entlarvt mich als Sünder. Diese Funktion des Gesetzes Gottes ist *„der überführende Brauch des Gesetzes“* [usus elenchticus legis oder usus theologicus].

- Aber auch für die Glaubenden und gerechtfertigten Christenmenschen ist das Gesetz von Bedeutung. Nach wie vor sagt das Gesetz, was Gottes Wille für das Leben der Menschen ist. So wird sich christliches Leben nach den Geboten Gottes richten, nicht um sich vor Gott ins rechte Licht zu setzen, wohl aber aus Dankbarkeit dafür, dass Gott alles für mich getan hat. Diese

Dankbarkeit gewinnt in einem Leben nach den Geboten Gottes Gestalt. Diese Funktion des Gesetzes Gottes ist „der dritte Brauch des Gesetzes" [tertius usus legis] oder *„der Brauch des Gesetzes für die Wiedergeborenen"* [usus legis in renatis].

Die Kunst eines Theologen ist die Kunst der richtigen Unterscheidung – sagt Martin Luther. Es kommt darauf an, Evangelium und Gesetz in der rechten Weise aufeinander zu beziehen. Folgt man der hebräischen Bibel [Erwählung – Befreiung – Bund] und folgt man dem Neuen Testament, dann geht die Liebe und die Freundlichkeit Gottes allen Forderungen und Gesetzen vorauf. Weil Gott Liebe ist, und weil er sich mir aus Liebe zuwendet, darum ertrage ich auch den Blick auf meine schuldbeladene Vergangenheit. Weil Gottes Wille für die Welt gut ist, darum halte ich mich an die für alle geltenden Gesetze. Und weil Gottes Reich dieser Welt aus der Zukunft entgegenkommt, darum können Christen schon hier und heute Zeichen der Barmherzigkeit, der Liebe, der Zuwendung zu den Menschen aufrichten.

5.2. Das Leben der Gemeinde

Die christliche Gemeinde ist keine frei zusammengesetzte Gruppe. Die Gemeindeglieder sind durch die Taufe mit Christus und untereinander verbunden. Die christliche Gemeinde ist von Jesus Christus erwählt, versöhnt und geheiligt. Sie ist der *„Vortrupp des Lebens“* [Gollwitzer][29] in den Todesstrukturen der alten Welt.

Lange Zeit hindurch fand das Leben der Gemeinde in der Theologie wenig Beachtung. Christliche Ethik war vor allem eine Ethik für das Individuum. Sie konzentrierte sich vor allem auf das Tun des einzelnen Christen im Hinblick auf sein Verhalten in den verschiedenen Beziehungen [Gesellschaft, Sexualität, Staat]. Lange haftete der christlichen Ethik ein stark konservativer Zug an. Neuere gesellschaftliche Entwicklungen kamen als Herausforderungen für christliches Handeln kaum in den Blick. Immer noch gibt es ethische Entwürfe, die von festen gesellschaftlichen Strukturen ausgehen, von Hierarchien, in die sich der Christ unkritisch einzufügen hat. Wehrdienstverweigerung war bis zum 2. Weltkrieg kein Thema christlicher Ethik. Der Dienst mit der Waffe traf auch bei Christen kaum auf Widerspruch. Es hat seine Zeit gebraucht, bis Theologie und Kirche ihre Friedensverantwortung erkennt und angenommen haben,

Es hat auch seine Zeit gebraucht, bis die Christen und die Kirchen den demokratischen Staat überhaupt zur Kenntnis genommen und gewürdigt haben. Solange es eine Einheit von *„Thron und Altar“* gab – der Landesherr war zugleich der oberste Bischof seiner Landeskirche, war die bedingungslose Unterordnung der protestantischen Christen unter den jeweiligen Staat kein Thema. So wurden nach der Reformationszeit ganz selbstverständlich staatliche Anordnungen von der Kanzel herab verkündet. Die Schulen standen unter kirchlicher Aufsicht, und es war die Regel, dass der Lehrer des Dorfes zugleich Organist und Kantor war.

Die Auseinandersetzung mit dem Nationalsozialismus hat die evangelischen Kirchen hier zu einem gründlichen Umdenken bewegt. Dietrich Bonhoeffer dachte über den notwendigen Widerstand nach, den die Christen gegen ein System leisten müssen, das sich als verbrecherisch erweist und totale Unterwerfung verlangt.

---

29. Helmut Gollwitzer, Vortrupp des Lebens, München 1975.

Angesichts des Versagens der Kirchen gegenüber der Schoah dachte man intensiv darüber nach, in welcher Weise nicht nur der einzelne Christ, sondern auch die christliche Gemeinde ein ethisches Subjekt ist. Die demokratische Verfassung der Bundesrepublik Deutschland ermöglichte es, dass sich Kirche öffentlich zu Wort meldet und dort auch deutlich Stellung bezieht. Die „Denkschriften" der EKD sind solch eine Form von kirchlicher Einflußnahme im politischen und gesellschaftlichen Raum.

Dabei geht es der Kirche nicht um sich selbst, nicht um den Ausbau von wichtigen Positionen in der Gesellschaft. Wenn es der Kirche aufgetragen ist, Vortrupp des Lebens in der von den Todesstrukturen gezeichneten Welt zu sein, dann wird sie sich für die Menschen einsetzen, die in diesen Strukturen unter die Räder kommen. Sie wird ihre Stimme vor allem für die Schwachen erheben. „Kirche ist mittelfristige Interessenvertretung Jesu Christi auf Erden" [H.G.Geyer]. Sie mischt sich ein in die Belange der Welt. Sie meldet sich zu Wort weil sie darauf hofft, dass das Ziel dieser Welt nicht in ihr selber liegt, sondern bei dem, der dem Tode die Macht genommen hat.

5.3. Die Gemeinde lebt in der Welt

Christliches Leben bedeutet nicht Rückzug **aus** der Welt, sondern Sendung **in** die Welt. Die Menschlichkeit Gottes, der zu Weihnachten selbst *in die Welt* gekommen ist – und nicht in die Kirche! – macht aufmerksam darauf, wie die Welt ihre Dinge ordnet, welches Gewicht der einzelne Mensch in den finanziellen und wirtschaftlichen Beziehungen hat, und welches Gewicht sein Wort in der Politik hat. Man sagt oft: Politik sei ein schmutziges Geschäft. Und leider nur zu oft haben Menschen ihre politische Macht dazu missbraucht, für sich selber Vorteile herauszuschlagen oder für die Gruppe, die sie vertreten.

Der christliche Glaube zieht sich nicht aus der Welt heraus, er bringt sich in die Welt ein. Die Gemeinde der Christen lebt nicht für sich selbst. Weil sie sich von Gott vorbehaltlos angenommen weiß, kann sie sich ganz in den Dienst der Menschen stellen. Dietrich Bonhoeffer hat in den letzten Wochen seines Lebens im Gefängnis darüber nachgedacht, was es bedeutet, *„Kirche für andere"* zu sein[30].

Politik ist nur eine, aber eine bedeutende Möglichkeit, Welt zu gestalten. Politik kann den anderen Mächten und Gewalten Grenzen setzen, die uns beeinflussen, wenn nicht gar beherrschen. Dabei bewegt sich eine Politik, die auf die Mitarbeit von Christinnen und Christen zielt nicht im luftleeren und ideologiefreien Raum. Es gibt keine *„christliche Politik".* Aber nach christlicher Vorstellung hat die Politik den konkreten Menschen zu dienen.

Es gehört zum christlich-jüdischen Erbe des Abendlandes, dass Menschen nicht nur nach ihrer Leistung beurteilt werden. Es gehört zu den grundlegenden – für Christen in der rückhaltlosen Zuwendung Gottes zum Menschen begründete Würde des Menschen, dass sie unantastbar ist. Darüber kann und darf man nicht abstimmen, ob die Menschenwürde in unserem Land gelten soll, oder nicht. Der Schweizer

30. Dietrich Bonhoeffer, Widerstand und Ergebung, Briefe und Aufzeichnungen aus der Haft, hg. Von Eberhard Bethge, München 1977,S.415f.: „Kirche ist nur Kirche, wenn sie für andere da ist. Um einen Anfang zu machen, muß sie alles Eigentum den Notleidenden schenken. Die Pfarrer müssen ausschließlich von den freiwilligen Gaben der Gemeinden leben, evtl. einen weltlichen Beruf ausüben. Sie muß an weltlichen Aufgaben des menschlichen Gemeinschaftslebens teilehmen, nicht herrschend, sondern helfend und dienend. Sie muß den Menschen aller Berufe sagen, was ein Leben mit Christus ist, was es heißt, „für andere dazusein".

Theologe Karl Barth (1886-1968) hat nach dem II. Weltkrieg geschrieben: *„Seit Gott Mensch geworden ist, ist der Mensch das Maß aller Dinge!“*[31] Es kommt also nicht darauf an, einen „christlichen Staat“ schaffen zu wollen. Das hieße Glaube mit Politik verwechseln. Aber es kommt sehr wohl darauf an, dass Christen ihre Verantwortung in der Welt wahrnehmen. Sie werden für die Menschlichkeit des Menschen streiten, selbst wenn dieser Mensch straffällig geworden sein sollte und sich am Leben anderer vergriffen hat. Auch das hebt seine Würde nicht auf.

Die christlich Gemeinde wird auch darauf achten, dass die Schwachen nicht unter die Räder kommen. Die Diakonie der Gemeinden und der Kirche tut, was sie kann, aber sie braucht auch die Unterstützung vieler Menschen, das die, die aufgrund von Krankheit und Armut oder Alter das gesellschaftliche Leben nicht mehr aktiv mitgestalten können, nicht abgehängt werden. Wer hilfebedürftig ist, der braucht Hilfe, und wenn sich die, die jetzt noch keine Hilfe brauchen, sich mit ihrem Geld an dieser Hilfe für andere beteiligen.

Die Gemeinden und die Kirchen müssen sich nicht zu jedem politischen oder gesellschaftlichen Problem äußern. Wer zu viel redet, dem hört am Ende niemand mehr zu. Aber wenn es um die Würde des Menschen geht, um seine Freiheit und Unverletzlichkeit, dann wird es auch kirchliche Worte geben, an denen andere sich orientieren können.

Darüber hinaus hat es in der jüngsten Vergangenheit immer wieder Christen gegeben, die sich in verschiedenen Parteien engagiert und zur Wahl gestellt haben. Christen sind nicht die besseren Politiker. Aber Christen, die sich auf dem Feld der Politik auch erkennbar machen, finden Gehör. Und es gereicht jeder Kirche und Gemeinde zur Zierde, wenn Menschen sich dazu bereit finden, Gottes Erde mit zu gestalten, und die für diese Gestaltung auch einstehen.

---

31. Karl Barth, Christengemeinde und Bürgergemeinde, Zollkikon-Zürich 1946, in: Karl Barth, Texte zur Barmer Theologischen Erklärung,, mit einer Einleitung von Eberhard Jüngel und einem Editionsbericht herausgegeben von Martin Rohrkrämer, Zürich 1984, S.115. *„Nachdem Gott selbst Mensch geworden ist, ist der Mensch das Maß aller Dinge, kann und darf der Mensch nur für den Menschen eingesetzt und u.U. geopfert, muß der Mensch, auch der elendeste Mensch – gewiß nicht des Menschen Egoismus aber des Menschen Menschlichkeit – gegen die Autokratie jeder bloßen Sache resolut in Schutz genommen werden. Der Mensch hat nicht den Sachen, sondern die Sachen haben dem Menschen zu dienen.“*

5.4. Juden und Christen – Israel und Kirche

Schon im ersten Jahrhundert begann die heidenchristliche Kirche sich von der Judenheit zu lösen. Was Paulus in Römer 9-11 noch als getrennten Weg von Israel und christlicher Gemeinde beschreiben kann, das wendet sich spätestens mit dem Entstehen der christlichen Staatskirche zu einer deutlichen Gegnerschaft.

Die Theologie betrachtet die heilsgeschichtliche Rolle Israels als beendet. Mit der Verwerfung Jesu Christi hat die Judenheit ihre Erwählung aufgegeben und ihre heilsgeschichtlichen Privilegien verspielt.

> Deutlich sichtbaren Niederschlag hat diese Enterbungstheologie in der Figur der Synagoge am Südportal des Straßburger Münsters gefunden. Kirche und Synagoge sind als zwei Frauen dargestellt: Die Kirche triumphiert aufrecht mit ihrem Kelch, der Synagoge sind die Augen verbunden, ihre Lanze ist gebrochen.

Es bleib nicht bei theologischen Gedanken: in der christlichen Welt wurden die Juden zunehmend diskriminiert. Die Juden am Rhein wurden die ersten Opfer der Kreuzzüge. Im europäischen Mittelalter verpflichtete man sie zum Tragen der „Judenhüte“ [So bestimmt es das Iv. Laterankonzil 1215]. Die Handwerkerzünfte bleiben den Juden versperrt. Der verhasste und Christen verbotene Geldverleih wurde das Geschäft vieler Juden, weil ihnen die anderen Möglichkeiten des Broterwerbs versperrt blieben.

Auch die Reformation hat – mit nur wenigen Ausnahmen – die antijüdische Theologie weitergetrieben. Martin Luthers Ausfälle gegen die Judenheit sind leider nur die Spitze des kirchlichen Antijudaismus. Und letztlich hat sich die deutsche Christenheit als völlig hilflos gegenüber dem Holocaust erwiesen. Das antijüdische Ressentiment war zu stark, als dass man damals in den Juden die Schwestern und Brüder Jesu hätte erkennen können.

Langsam hat das theologische Umdenken begonnen. Die gemeinsamen Wurzeln von Israel und Kirche werden entdeckt. Christliche Theologen mühen sich darum, die rabbinische Auslegung der Bibel zu Kenntnis zu nehmen. Mehr und mehr wird auch das jüdische Umfeld des Neuen Testaments deutlich. Jesus war Jude. Seine

Sendung versteht unter den Heidenchristen nur, wer ihn als Messias Israels begreift. Paulus war Jude, Der Evangelist Johannes war Jude. Vielleicht mit Ausnahme des Evangelisten und Kirchenhistorikers Lukas scheinen alle neutestamentlichen Autoren Juden gewesen zu sein. Langsam erkennen wir, dass wir dringend auf jüdisches Verstehen angewiesen sind, um den neutestamentlichen Texten nahekommen und ureigensten Texte des Christentums aus ihrem ursprünglichen Kontext heraus verstehen zu können.

Theologisches Denken ist – wenn es ernst ist – niemals folgenlos. Und so, wie der kirchliche Antijudaismus seine gesellschaftlichen und politischen Folgen hatte, so wird auch das theologische Umdenken auf dem Weg zur Judenheit gesellschaftliche und politische Folgen haben.

Von Karl Barth stammt die Formulierung: Antijudaismus ist „*Sünde wider den heiligen Geist*“[32]. Die christliche Kirche wird allen Erscheinungen von Antisemitismus und Antijudaismus öffentlich und deutlich widersprechen. Sie wird dafür eintreten, dass Israel in seinem Land in gesicherten Grenzen leben kann.

> Das bedeutet nicht, dass Kirche und Gemeinden alle politische Aktionen des Staates Israel gutheißen wird. Der Staat Israel ist nicht das Reich Gottes. Dieser Staat steht in der Kritik wie jeder andere Staat auch. Das politische Problem ist, dass hier Israeli und Palästinenser beide Recht in diesem Land und auf dieses Land haben. Hier steht Recht gegen Recht. Das Problem muss politisch gelöst werden. Christen werden jedoch sehr sorgfältig darauf achten, dass sich nicht der alte Antisemitismus im Gewand des neuen Antizionismus ausbreitet. Sie werden das Recht Israels, in gesicherten Grenzen zu leben verteidigen. Sie werden in der eigenen Gesellschaft für Israel beten, denken und arbeiten.

32.. So Karl Barth am 30.09.1938. Vgl. Karl Immer (Hrsg.) Zur Erneuerung des Verhältnisses von Christen und Juden, Handreichung für Mitglieder der Landessynode, der Kreissynoden und der Presbyterien in der Evangelischen Kirche im Rheinland, Nr.39. Düsseldorf 1980, S.103f..

6. Die Sendung der Kirche

In der gesamten Kirchengeschichte hat es Zeiten gegeben, in denen die christlichen Kirchen sich ihrer Sendung in die nichtchristliche Welt deutlich bewusst waren, und es hat Zeiten gegeben, in denen sich die Kirche und später die Kirchen sich eher auf sich selbst zurückgezogen haben. Eine starke Missionstätigkeit hat die antike Kirche im Bereich des Römischen Reiches entfaltet. Die Kreuzzüge des Mittelalters sollten sowohl gigantische Missionsunternehmungen sein, wie auch den Einfluss der christlichen Kaiser auf das von den Muslimen beherrschten Morgenland zu stärken und neu zu begründen. Erst der Pietismus im 18, Jahrhundert hat die Mission als unverzichtbare Aufgabe der christlichen Kirchen wiederentdeckt. Es gehört zur Tragik der Missionsgeschichte, dass sie in der Neuzeit vor allem als Handlangerin des europäisch-nordamerikanischen Kolonialismus aufgetreten ist und sich vor allem darin verstanden hat, mit dem Evangelium auch die Errungenschaften der westlichen Kultur den indigenen Völkern nahe zu bringen. Im 20. Jahrhundert hat die Mission der christlichen Kirchen vor allem ihren Sinn darin gesehen, den jungen Kirchen in Afrika, Asien und Lateinamerika verlässliche Partnerinnen zu sein. Und man ist sich weithin in den Kirchen darüber einig, dass Mission heute nur eine ökumenische Unternehmung sein kann, und dass sich die Partnerinnen und Partner dabei auf Augenhöhe begegnen.

Unbezweifelbar gehört die Mission zu den grundlegenden Aufgaben der christlichen Gemeinde, ja sie betrifft ihr Wesen. Eine Kirche, die das Evangelium der Welt verweigert, wird zur Sekte. Eine Gemeinde, die sich nur auf sich selbst bezieht läuft Gefahr, zu einem religiösen Museumsverein zu werden, der ständig das Erbe beschwört, aber der in der Gegenwart keine Bedeutung für die Menschen hat.

- Die Mission der Kirche hat ihren Grund in der Sendung Jesu in die Welt. Gott will, dass allen Menschen geholfen werde und sie zur Erkenntnis der Wahrheit kommen- (1. Timotheus 2,4).

- Mission bedeutet, die Botschaft Jesu weiterzugeben in Wort und Tat.

- Mission bedeutet, die Kultur des anderen Menschen zu achten und das Evangelium nicht an die eigene Kultur zu binden.

- Mission bedeutet, zuhören, was die Menschen bewegt.

- Mission bedeutet, die Botschaft von Jesus Christus verständlich weiterzusagen und nicht Mitgliederwerbung für die eigene Kirche zu betreiben.

- Ein hilfreicher Ratschlag für die Mission:
  Rede nur, wenn du gefragt wirst, aber lebe so, dass man dich fragt.

7. Vom Beten

Das Gebet ist der „vornehmste Teil der Dankbarkeit“ – sagt der Heidelberger Katechismus [Frage 116]

> **Warum ist den Christen das Gebet nötig?**
>
> Weil es die wichtigste Gestalt der Dankbarkeit ist,
> die Gott von uns fordert,
> und weil Gott seine Gnade und seinen Heiligen Geist
> nur denen geben will,
> die ihn herzlich und unaufhörlich darum bitten
> und ihm dafür danken.

Beten ist durch und durch menschliches Tun. Beten ist menschliche Antwort auf das gehörte und erfahrene Wort Gottes. Ein Gebet, das nicht aus dem Hören auf das Wort Gottes kommt, läuft Gefahr, zum „Plappern“ zu werden.

> Und wenn ihr betet, sollt ihr nicht sein wie die Heuchler, die gern in
> den Synagogen und an den Straßenecken stehen und beten, damit
> sie von den Leuten gesehen werden. Wahrlich, ich sage euch: Sie
> haben ihren Lohn schon gehabt. 6 Wenn du aber betest, so geh in
> dein Kämmerlein und schließ die Tür zu und bete zu deinem Vater,
> der im Verborgenen ist; und dein Vater, der in das Verborgene sieht,
> wird dir's vergelten. 7 Und wenn ihr betet, sollt ihr nicht viel plappern
> wie die Heiden; denn sie meinen, sie werden erhört, wenn sie viele
> Worte machen. 8 Darum sollt ihr ihnen nicht gleichen. Denn euer
> Vater weiß, was ihr bedürft, bevor ihr ihn bittet.
>
> Matthäus 6,5-7

Gebet ist keine Demonstration der eigenen Frömmigkeit, oder es ist nicht rechtes und aufrichtiges Gebet. Der Dialog des Geschöpfes mit dem Schöpfer braucht keine Darstellung, die auf andere Menschen Eindruck machen soll.

Dieser Text aus der Bergpredigt wäre aber auch missverstanden, wenn er dahin ausgelegt würde, als gehörte das Gebet nur in den Bereich des eigenen Herzens und nicht in den öffentlichen Gottesdienst. Beginnt doch das Gebet Jesu damit, dass die Gemeinde der Christen Gott als „unseren Vater“ anruft. Das Gebet schließt die Christen zusammen. Es schließt sie zusammen in der Anrufung Gottes zu allen Zeiten und an allen Orten.

In der Judenheit und auch in unterschiedlichen Traditionen der Christenheit besteht das Gebet wesentlich aus liturgischen Texten. In erster Linie folgt das Gebet der Kirche den Psalmen der Hebräischen Bibel und den Liedern [Cantica] des Neuen Testaments.

In der Begegnung mit Jesus erfahren die Jünger Jesu, dass sie nicht beten können. Beten muss man lernen. Wie sonst wollte man verhindern, dass das Gebet nur ein endloses Selbstgespräch über die eigenen Verbindlichkeiten, die eigenen Wünsche, Bedürfnisse und Ängste wird.

Das Wort und das Handeln Gottes geht unseren Gebeten vorauf. Wie das menschlichen Tun Antwort auf Gottes Handeln ist, so ist auch das Gebet Antwort. Im Gebet lobt die Gemeinde den lebendigen Gott. Im Gebet erinnert sie ihn an seine Verheißungen. Im Gebet lernt sie, von ihm alles Gute zu erhoffen und es von ihm zu erwarten.
Das Gebet Jesu gibt die Ordnung des Betens vor:

Unser Vater im Himmel
geheiligt werde dein Name
dein Reich komme
dein Wille geschehe
    wie im Himmel und auf Erden
unser tägliches Brot gib uns heute
und vergib uns unsere Schuld
    wie auch wir vergeben unseren Schuldigern
und führe uns nicht in Versuchung
sondern erlöse uns von dem Bösen.
Denn Dein ist das Reich
und die Kraft
und die Herrlichkeit
    in Ewigkeit
Amen

Das Herrengebet hält die Unterscheidung von Gottes Willen und unseren Wünschen fest, wie Dietrich Bonhoeffer formuliert: „Gott erfüllt nicht alle unsere Wünsche, aber alle seine Verheißungen.“

> ,,Jesus hat seinen Jüngern nicht nur gesagt, wie sie beten sollen, sondern auch was sie beten sollen." An erster Stelle muss es den Christen um die Heiligung von Gottes Namen gehen. ,,Gott wolle es nicht zulassen, dass sein heiliges Evangelium verdunkelt und verdorben wird durch falsche Lehre und unheiliges Leben." Daran knüpft die Bitte der Christen an: ,,Dein Wille geschehe". ,,Sie beten darum, dass Gottes Wille auf der ganzen Erde geschehe. Kein Geschöpf soll ihm widerstreben." Das betrifft auch sie selber; ,,darum beten sie auch, dass Gottes Wille in ihnen täglich mehr zur Herrschaft komme und allen Trotz breche" [33]
>
> Auf die Bitte der Jünger hat Jesus ihnen das Vaterunser gegeben. In ihm ist alles Beten enthalten. Was in die Bitten des Vaterunsers eingeht, ist recht gebetet, was in ihnen keinen Raum hat, ist kein Gebet. Alle Gebete der Heiligen Schrift sind im Vaterunser zusammengefaßt. Sie werden in seine unermeßliche Weite aufgenommen. Sie werden also durch das Vaterunser nicht überflüssig gemacht, sondern sie sind der unerschöpfliche Reichtum des Vaterunsers, wie das Vaterunser ihre Krönung und Einheit ist. Vom Psalter sagt Luther: „Er ist durchs Vaterunser und das Vaterunser durch ihn also gezogen, dass man eins aus dem ändern sehr fein verstehen kann und lustig zusammenstimmen." So wird das Vaterunser zum Prüfstein dafür, ob wir im Namen Jesu Christi beten oder im eigenen Namen. Es hat darum guten Sinn, wenn der Psalter in unser Neues Testament meist mit hineingebunden wird. Er ist das Gebet der Gemeinde Jesu Christi, er gehört zum Vaterunser.
>
> Dietrich Bonhoeffer[34]

33. Dietrich Bonhoeffer, Nachfolge, hg. von Martin Kuske und Ilse Tödt, Dietrich Bonhoeffer, Werke Band IV., München 1989, S. 160..
34. Dietrich Bonhoeffer, Das Gebetbuch der Bibel, in: Dietrich Bonhoeffer, Gemeinsames Leben, das Gebetbuch der Bibel, hg. von Gerhard Ludwig Müller und Albrecht Schöngerr, Dietrich Bonhoeffer Werke, Band V. München 1987, S.109.

7.1. Amen

In der jüdischen und der christlichen Frömmigkeit ist *„Amen“* das Wort, das die Gebete beschließt. Auch das Bekenntnis ist eine Form des Gebetes, des Lobes Gottes. Der Beter und die Beterin beschließt ihre ausdrückliche Rede mit Gott damit, dass er den Inhalt des Gebetes noch einmal bekräftigt: So soll es sein! So soll es in Geltung bleiben.

Amen, das ist: es werde wahr.
Stärk unsern Glauben immerdar,
auf dass wir ja nicht zweifeln dran,
was wir hiermit gebeten han
auf dein Wort, in dem Namen dein.
So sprechen wir das Amen fein.

Martin Luther EG 344,9

Literatur:

(in Auswahl)

1. Quellen

Die Bibel nach der Übersetzung Martin Luthers (1984), Stuttgart 1984.

Zürcher Bibel (2007), Zürich 2007.

Kurt Aland, Martin Luther, gesammelte Werke, Digitale Bibliothek Band 63. (CD-Rom)

2. Bekenntnisse

Bekenntnisschriften der Ev. Luth. Kirchen,
Göttingen 1950.

Bekenntnisschriften der nach Gottes Wort reformierten Kirchen,
hg. von Wilhelm Niesel, 3. Auflage Zollikon/Zürich 1938.

Reformierte Bekenntnisschriften,
Hg. von Georg Plasger und Matthias Freudenberg, Göttingen 2005.

4. Lexika

Lexikon für Theologie und Kirche, 10 Bände + Registerband
3. Auflage 1993-2001, Freiburg, Basel, Wien 2006 Paperback-Ausgabe.
Wissenschaftliches katholisch-theologisches Stanmdardlexikon

Die **Religion in Geschichte und Gegenwart**, 8 Bände + Registerband
4. Auflage, Tübingen 1998-2007, Paperback - Ausgabe
Wissenschaftliches, evangelisch-theologisches Standardlexikon

Metzlers Lexikon Religion – 4 Bände
Stuttgart 1999-2002
Allgemeines, gut benutzbares Lexikon

Wilfried Härle – Harald Wagner (Hrsg.)
Theologenlexikon, von den Kirchenvätern bis zur Gegenwart,
München 1987.

3. Lehrbücher Dogmatik

Karl Barth, Die kirchliche Dogmatik, Band I,1 – IV,4,
Zürich 1933-1967.

Gerhard Ebeling, Dogmatik des christlichen Glaubens, Band I-III
Tübingen 1979

Helmut Gollwitzer, Befreiung zur Solidarität,
München 1978.

Walter Kreck, Grundfragen der Dogmatik,
München 1970.

Bernhard Lohse, Epochen der Dogmengeschichte
Stuttgart-Berlin 1978.

Horst Georg Pöhlmann, Abriß der Dogmatik,
Gütersloh 1973.

Paul Tillich, Systematische Theologie,
Frankfurt am Main 1958,
7. Auflage 1983 Bd. I und Bd. II. 1981, Bd. III. 3. Auflage 1981.

Otto Weber, Grundlagen der Dogmatik, Band I-II,
Neukirchen-Vluyn, 3.Auflage,1955.

Wilfried Härle (Hrsg.), Grundtexte der neueren evangelischen Theologie,
Leipzig 2007.

4. Biblische Theologie

Brevard S. Childs, Die Theologie der einen Bibel, 2 Bände
Freiburg, Basel, Wien 2003.

Gisela Kittel, Der Name über alle Namen,
Biblische Theologie Band I., Altes Testament,
Göttingen 1989.

Gisela Kittel, Der Name über alle Namen,
Biblische Theologie Band II., Neues Testment.
Göttingen 1990

Dieter Vieweger, Archäologie der biblischen Welt,
Göttingen 2003.

a) Altes Testament

Antonius H.J. Gunneweg, Geschichte Israels bis Bar Kochba,
Stuttgart, Berlin, Köln, Mainz, 1972.

Gerhard von Rad, Theologie des Alten Testaments, 2 Bände
Band I. München 1960, Band II. München 1965.

Jörg Schmidt (Hrsg.), Du sollst dir kein Bildnis machen,
Von der Weisheit des Bilderverbots, Wuppertal 2002.

Erich Zenger, Christian Frevel, Einleitung in das Alte Testament, 8. Auflage, Göttingen 2011.

Walter Zimmerli, Grundriß der alttestamentlichen Theologie, Stuttgart, Berlin, Köln, Mainz, 2. Auflage 1975.

a) Neues Testament

Edgar Hennecke – Wilhelm Schneemelcher, Neutestamentliche Apokryphen, Band I. Evangelien, Tübingen 1959. Band II. Apostolisches, Apokalypsen und Verwandtes, Tübingen 1964.

Kurt Erlemann (u.a.) Neues Testament und Antike Kultur, Band I-IV. Neukirchen Vluyn 2004-2006.

Jürgen Roloff, Jesus 2. Auflage München 2002.

Udo Schnelle, Einleitung in das Neue Testament, 5.Auflage, Götingen 2005.

Gerd Theissen, Annette Merz, Der historische Jesus, 2. Auflage 1997.

Klaus Wengst, Ostern, ein wirkliches Gleichnis, eine wahre Geschichte, zum neutestamentlichen Zeugnis von der Auferweckung Jesu. München 1991.

Oda Wischmeyer (Hrsg.) Paulus, Leben, Umwelt, Werk, Briefe, Tübingen 2006.

5. Kirchengeschichte

a) Gesamtdarstellungen (evangelisch)

Christoph Markschies, Arbeitsbuch Kirchengeschichte Tübingen 1995.

Bernd Moeller, Geschichte des Christentums in Grundzügen, Göttingen 2011.

Johannes Wallmann, Kirchengeschichte seit der Reformation, 5.Auflage, Tübingen 2000.

b) ökumenisch

Raimund Kottje – Bernd Möller
Ökumenische Kirchengeschichte Band I-III.

Mainz – München 1970-1979.

b) einzelne Epochen und Personen

Veit Jakobus Dietrich, Martin Luther, sein Leben und seine Zeit
München 2. Auflage 2010.

Thomas Kaufmann, Geschichte der Reformation
Frankfurt am Mein, Leipzig 2009.

Thomas Kaufmann, Martin Luther
München 2010.

Thomas Kaufmann, Reformatoren,
Göttingen 1998.

Heiko A.Oberman, Zwei Reformationen,
Luther und Calvin – Alte und Neue Welt,
Berlin 2003.

Heiko A.Oberman, Luther, Der Mensch zwischen Gott und Teufel,
Berlin 1981.

Friedhelm Winkelmann, Geschichte des frühen Christentums,
München 1996.

6. Systematische Theologie

Karl Barth, Texte zur Barmer Theologischen Erklärung.
Mit einer Einleitung von Eberhard Jüngel und einem Editionsbericht herausgegeben von Martin Rohkrämer
Zürich 1984.

Karl Barth, Dogmatik im Grundriß,
München 1947.

Dietrich Bonhoeffer, Widerstand und Ergebung, Briefe und aufzeichnungen aus der Haft, hg. Von Eberhard Bethge. Neuausgabe
München 1977.

Christopher Frey,
Die Ethik des Protestantismus von der Reformation bis zur Gegenwart
Gütersloh 1989.

Helmut Gollwitzer, Ich frage nach dem Sinn des Lebens,
München, 6.Auflage 1978.

Helmut Gollwitzer, Von der Stellvertretung Gottes,
Christlicher Glaube in der Erfahrung der Verborgenheit Gottes
München 1967

Wolfgang Huber, Kirche
Stuttgart 1979.

Eberhard Jüngel,
Zur Freiheit eines Christenmenschen, eine Erinnerung an Luthers Schrift
München 1087.

Eberhard Jüngel, Gott als Geheimnis der Welt,
2.Auflage, Tübingen 1977

Eberhard Jüngel, Tod
Stuttgart 1973.

Walter Kreck, Grundfragen christlicher Ethik,
München, 2. Auflage 1979.

Dorothee Sölle, Stellvertretung,
Stuttgart 1965.

Michael Welker, Gottes Geist, Theologie des Heiligen Geistes,
Neukirchen-Vluyn 2. Auflage 1993.

7. Zum Verständnis des Judentums

Schalom Ben Chorin, Bruder Jesus – Mensch nicht Messias,
Der Nazarener in jüdischer Sicht
München 1972.

Günther Bernd Ginzel,
Auschwitz als Herausforderung für Juden und Christen
Heidelberg 1980.

Roland Gradwohl, Frag den Rabbi – Streiflichter zum Judentum
2. Auflage 1994.

Roland Gradwohl,
Frag den Rabbi noch einmal – weitere Streiflichter zum Judentum
Stuttgart1997.

Roland Gradwohl, Was ist der Talmud?
Einführung in die „Mündliche Tradition" Israels
Stuttgart1993.

Heinz Kremers (Hrsg.),
Die Juden und Martin Luther – Martin Luther und die Juden,
Geschichte, Wirkungsgeschichte, Herausforderung.
Neukirchen Vluyn 1985.

Pinchas E. Lapide, Ökumene aus Juden und Christen,
Neukirchen-Vluyn 1972.

Friedrich Wilhelm Marquardt, Die Juden und ihr Land,
Hamburg 1975.

Franz Mussner, Traktat über die Juden
München 1979.
Günter Stemberger, Jüdische Religion,
München 2. Auflage 2003.

Clemens Thoma, Das Messias Projekt,
Theologie jüdisch-christlicher Begegnung,
Augsburg 1994.

8. Zum Verständnis des Islam

Hartmut Bobzin, Der Koran – eine Einführung,
2. Auflage München 2000.

Hartmut Bobzin, Koran-Lesebuch,
Wichtige Texte neu übersetzt und kommentiert,
Freiburg 2005.

Hartmut Bobzin, Mohammed
München 2000.

Heinz Halm. Der Islam, Geschichte und Gegenwart,
2.Auflage, München 2001.

Heinz Halm, Die Schiiten,
München 2005.

Wolfgang Tröger, Bibel und Koran – was sie verbindet und unterscheidet.
Berlin 2004.

9. Ökumene

Michael Weinrich, Ökumene am Ende?
Plädoyer für einen neuen Realismus
Neukirchen-Vluyn 1995

MIX
Papier aus verantwortungsvollen Quellen
Paper from responsible sources
FSC® C105338

Printed by Books on Demand GmbH, Norderstedt / Germany